JN035440

レーサーの家

平山 譲
Hirayama Yuzuru

レーサーの家

平山讓

Hirayama Yuzuru

駒草出版

「調子よく立ちまわれないんだ。たいてい、ひっかかっちまう。いくら調子よく立ちまわろうとしても、ひっかかっちまうのさ」
彼は両眼を閉じた。

――『追い抜きレース』アーネスト・ヘミングウェイ

目次

序章　スタートライン

「歳《とし》をとったよな、と思うときは、あります。しょっちゅうあります。たいして食べてもいないのに体重がすぐに増える、それがなかなか落ちない。気晴らしに飲む酒も酔いやすくなった、深酒すれば翌朝がつらくて練習に行きたくない。怪我《けが》の治りが遅い、体のあちこちが軋《きし》むように痛い。ボートの操作にしても、一瞬、ほんの一瞬、判断が遅れて、差せたはずのところを、差せずに敗《やぶ》れる。自分で自分が情けなくなります。若いレーサーを見ると、俺にも若い頃はあったんだよなあ、いつのまにこんなになっちゃったんだろうなあって。もう、無理なんじゃないのか、優勝することなんて、できやしないんじゃないかって。……でもね、朝、目覚めると、いや、そんなことはないぞ、まだ、俺だって、やれるんだぞって、自分で自分に、いいきかせて、また、練習へ行くんです」

一

飾《かざ》りなどなにもなかった。六畳《ろくじょう》ほどの小部屋は、壁《かべ》も、床《ゆか》も、天井《てんじょう》も、白一色であった。一カ所だけある窓は、しかし外側からベニヤ板で塞《ふさ》がれ、午後三時過ぎだというのに室内は薄暗かった。

その小部屋に詰めこまれるように、六人もの男たちがいた。

黒革《くろかわ》のソファが六脚、三脚ずつ向かいあわせに並べられており、六人は座っていた。室内にいるというのに、ヘルメットを彼らは被《かぶ》っていた。ヘルメットは原色や金銀が配されたデザインばかりで、白一色の部屋とは真逆《まぎゃく》の派手《はで》さであった。天井の蛍光灯《けいこうとう》に照らされて艶《つや》やかに光っているヘルメットは、他者への誇示《こじ》や、自己への鼓舞《こぶ》や、その両方や、これから彼らが臨《のぞ》む行為への、精いっぱいの虚勢《きょせい》のようであった。

さらに、彼らの着衣も珍《めずら》しかった。「カポック」という救命胴衣《きゅうめいどうい》を兼ねた黒いプロテクターの上から、「勝負服《しょうぶふく》」という雨合羽《あまがっぱ》のようなものを羽織《はお》っていた。白、黒、赤、青、黄、そして緑と、六人の勝負服は六色に色分けされていた。背には大きく《1》から《6》までのゼッケンが付けられており、それら色とゼッケンは、競走馬と同様、これから彼らが出走する枠順を示すものであった。

この小部屋は、ボートレース場であるボートレース江戸川《えどがわ》の場内にある本番控室《ほんばんひかえしつ》で、そして彼ら六人は、これから数分後にスタートする、ボートレーサーであった。

レーサーは、本番控室でブザーが鳴るのを待っていた。ブザーは観客が投票する舟券《ふなけん》の締切《しめきり》を告げるとともに、彼らがボートへと乗りこむ合図《あいず》でもある。

彼らの順位が配当を、すなわち観客の損得《そんとく》を決することになる。だがそれを気にしていてはレーサーなど務《つと》まらない。なぜなら彼らは年間で二百以上ものレースに出走しており、一日の結果に一喜一憂していられる時間的、精神的余裕などない。今日は敗れても、明日は勝つかもしれない。ましてやこれから数分後に行われるレースは、「SG（スペシャルグレード）」や「G1（グレードワン）」といった大一番ではない。タイトルのかからない、最下級の「一般戦」でしかない。

この本番控室からは見えないが、おそらく観客は多くなく、ゆえに賭《か》けられているのもSGやG1とは比較にならない低額であろう。レーサーが得られる賞金も、たとえばSGの「グランプリ（賞金王決定戦）」優勝戦の一着は一億円だが、この日の一般戦は一着でも十万円でしかない。押しつぶされてしまいそうな重圧はもちろん、張りさけてしまいそうな緊張も、彼らが感じる要素などない。

じっさい、隣《となり》同士でなにやら談笑しているレーサーも、一時席を外して喫煙所《きつえんじょ》で一服《いっぷく》してきたレーサーも、この本番控室にはいた。レーサーにとって、レースは仕事であり、見知らぬ者の目には奇異に映《うつ》るこの白くて狭《せま》い小部屋も、極彩色《ごくさいしき》のヘルメットや勝負服も、いたって日常そのものであった。

けれども、一人だけ、様子《ようす》が違った。

出入口の扉《とびら》の近くに腰掛けている、黒い勝負服でゼッケン《2》を付けた本吉正樹《もとよしまさじ》は、誰とも話さなかったし、席を外すこともなかった。膝の上に小さなメモ帳を広げ、彼はペンを走らせていた。

《10月17日 天候曇り 気温21度 水温21度 風速0m 波高5cm 向かい潮……》

それは、彼がデビューから三十五年間もつづけているスタートまえの行為である。メモ帳はレース場ごとに分類されており、レース時の条件を記録しておくことで、後日類似《るいじ》した条件になった際の参考にするためのものである。もう数えきれないほどのメモ帳が、彼の自宅の押入れの大きな箱に詰めこまれている。

書きおえたペンを挟《はさ》んでメモ帳を閉じると、それを左手で握ったまま、彼は動かなくなった。

一分が経《た》ち、二分が経ち、そして、三分が経った。

それでも、メモ帳を握ったまま、彼は動かなかった。

メモ帳を握って動かずにいる彼の表情が、ヘルメットの開口部からわずかに覗《のぞ》いていた。どこか一点を見つめたままで硬直したその双眸《そうぼう》は、強い重圧や緊張の色をありありと伝えていた。本番控室ではいつもそうなのであろう、メモ帳の表紙には、手汗《てあせ》の跡《あと》が薄茶色《うすちゃいろ》に滲《にじ》んでいた。

二

たとえ「一般戦」であっても、勝利しなければならない理由が、本吉正樹にはあった。

彼は、勝てずにいた。

名のあるレースでの優勝は岡山県倉敷市《くらしきし》にあるボートレース児島《こじま》での「第十回竜王杯《りゅうおうはい》争奪戦競走」が最後で、それはもう二十年以上もむかしのことであった。いまや名のあるレースでの優勝はおろか、一般戦の予選でさえもなかなか勝てなくなっていた。

勝てないレーサーは、レーサーではいられなくなる。

四期（二年間）での平均勝率が三・八点未満の者は引退を勧告されてしまう。若い時分《じぶん》の正樹は勝率六点台を保てていたが、最近では四点台前半から三点台後半がやっとで、尻に火がついていた。どれだけ勝ちたいと焦《あせ》ろうとも、敗れてばかりいた。二年まえの同じボートレース江戸川における「第四十二回大江戸賞《おおえどしょう》」でも、初日は四着、二日目は五着、三日目は四着とフライングによる返還欠場、四日目は四着、五日目にやっと三着、最終日に五着と、ほとんどいいところがなかった。しかもフライングの罰則《ばっそく》によって出場停止処分を受け、大切な出走機会をそののち三十日間も失う羽目《はめ》になった。

勝てないのは、もう若くはないせいでもあった。

レーサーには年齢制限こそない。だがいくら年老いても特別扱《あつか》いしてはもらえない。この年デビューしたばかりの十六歳の新人は、彼が勝った「竜王杯争奪戦競走」の三年後に生まれた選手である。茶髪《ちゃぱつ》や金髪が多い若者たちと、髪《かみ》が薄くなった白髪交《しらがま》じりの五十七歳が、同じ条件で競わなければならないのが、ボートレースなのである。

彼の地元であるボートレース江戸川でのぶざまさを、客たちも熟知《じゅくち》しているようであった。この日の一般戦「月兎《げっと》ソースカップ」最終日第十レースの彼の舟券は、一着になった場合の三連単のオッズが三十四倍から五百六十五倍。ホームプールであるにもかかわらず、彼の人気はなかった。

そして、この日、いよいよ崖《がけ》っぷちに追いこまれた。

四期通算勝率がたとえ三・八を上回れたとしても、彼は引退勧告されるボーダーライン上にいた。ボートレーサーの総数が千六百名を超えると、「恐怖の姥捨山《うばすてやま》ルール」と年配レーサーたちに恐れられる厳しい基準が適用される。それはデビューから三十三年以上経過している選手のみ、引退勧告される基準勝率が、三・八ではなく、四・八にはねあがるというものであった。

食糧難の地域で若者を生かすために年寄《としより》を捨てるという民話『姥捨山』。ボートレースにおける食扶持《くいぶち》は、斡旋《あっせん》本数、すなわちレースに出走できる回数といえる。A級なら月三節、B級なら月二節という基本の斡旋本数がある。一節は通常四日間から七日間開催で、斡旋された節ではほぼ毎日レースに出場できる。だが選手数が増えすぎるとその斡旋本数が保てなくなる。ゆえに若い選手が入って増えたぶんだけ、老いた選手が出されて減らされる。

今期末時点でのボートレーサーの総数は、千六百二十三名。

千六百名だけが、レーサーでいられ、二十三名は、レーサーではいられなくなる。

デビュー三十五年目の正樹の四期通算勝率は、今節直前で、四・一五四。

「恐怖の姥捨山ルール」の生存ライン四・八に届いていない。

しかも、勝率の順位は、千六百人中、千六百一位。

あとわずか、勝率が足りない。

このままでは、引退勧告は免《まぬか》れない。

今期末までの彼の出走機会は、ボートレース江戸川での、最終日の、この一レースのみ。

もし、結果が四位以下なら、勝率を下げることになり、絶望的状況となる。たとえ三位以上で勝率を上げられたとしても、彼より順位が下のレーサーが勝率を上げてくる可能性もある。

生き残るためには、千六百一位から、千六百位に、順位を上げるしかなかった。

そのためには、このレースで、一着になるしかなかった。

なかなか勝てずにいる彼は、しかし、勝つしかなかった。

三

ブザーが鳴った。

本番控室の出入口附近の壁に設置されている《集合》と黒字が書かれたランプが点灯した。

本吉正樹と他のレーサー、六人がソファから立ちあがった。

本番控室の扉のすぐ外に置かれた四角い木箱に、彼らはつぎつぎと手を入れていった。箱には白い粉粒が山と盛られており、それを指で抓《つま》むと、自らの肩や、腕や、脚に振りかけた。

それは、清めの塩であった。

なぜか、正樹だけは、塩に手を付けることはなかった。

これが、彼にとってレーサー人生をかけた最後となるかもしれないレースである。この一走で敗れてしまえば引退勧告される。是が非でも勝たなければならない。すでに彼は、レース場へと入るまえに、清めや厄祓《やくばら》いや神頼《かみだの》みを済ませてきた。玄関を出るときに妻に燧石《ひうちいし》で切火《きりび》をしてもらったし、前日には神社へも参拝《さんぱい》した。

千六百人中の千六百一位であり、引退させられるかもしれない現状を、息子や師匠《ししょう》や弟子《でし》や友人に告げてもきた。みながそれぞれに励ましてくれ、中学時代の同級生にも話したところ、ある神社の謂《いわ》れを教えてくれた。

「そこは強運《きょううん》厄除《やくよけ》の神さまらしいから、レースまえに参拝してこい」

奇蹟《きせき》をおこしでもしない限り、千六百位に食いこむことなどできやしないことは、自身が誰よりも理解していた。もはや縋《すが》れるものならなににでもと、その神社を訪れてみた。

大都会東京のビルとビルとの狭間《はざま》に、その神社はあった。鉄筋コンクリート造の背の高い近代的な建物の陰に隠れ、木造の小さな古びた社殿《しゃでん》は、日が当たらずに薄暗かった。関東大震災でも御神体は無事で、第二次世界大戦でも氏子《うじこ》の出征兵士が全員生還したという。総欅造《そうけやきづくり》の社殿は、米軍による東京大空襲《とうきょうだいくうしゅう》の戦火から免れた建造物でもあるらしい。

そして、この狭小な社殿で参拝したあと、ここに祀《まつ》られている御祭神《ごさいじん》の名を知ると、彼は驚愕《きょうがく》した。

「萬福舟乗弁財天《まんぷくふなのりべんざいてん》」。

「舟乗」の名のとおり、弁財天の像は小舟に乗った姿で波に浮かんでいた。その小舟の造形は、あたかもモーターボートのように見えた。

参拝の帰り、社務所で小さな御守《おまもり》を授《さず》かった。紺糸《こんし》と金糸《きんし》で縫《ぬ》われたそれを、家へ帰るとすぐにレース場へと持ちこむボストンバッグへと忍《しの》ばせた。いまも宿舎の寝床《ねどこ》にそれを祀っている。

最後の大一番をまえに、神頼みをしてしまうような自身の心の弱さに辟易《へきえき》してしまうこともある。敗れたレース後は酒で悔しさを紛《まぎ》らして酔いつぶれてしまうこともある。癇癪《かんしゃく》をおこして家の風呂場の扉を拳《こぶし》で殴《なぐ》って怪我してしまったこともある。いわなくてもいい小言をいって息子たちから嫌われたこともある。

――この期《ご》に及んで、神頼みだなんて……。

神社で掌《てのひら》を合わせたときのことを思いだし、正樹は心のなかで呟《つぶや》いた。

――みっともないかもしれないけれど。でも、まだ、俺は、負けたくない。ぎりぎりいっぱいでも、千六百人中、最下位の千六百番目でも、どうにかこうにか、負けたくない。

レーサー六人は整列し、係員に敬礼《けいれい》をしてこれから乗りこむボートが係留《けいりゅう》しているピットへと向かう。他のレース場であれば、本番控室とピットはすぐ近くにある。だがボートレース江戸川だけは、全国で二十四場あるレース場で唯一《ゆいいつ》河川（一級河川中川《なかがわ》）を利用している。レーサーたちはピットへ向かうために、河川の堤防を歩いて越えなければならない。

コンクリートでかためられている小高い堤防を、六人は整列して上ってゆく。

そこには、鉄製の階段が設けられており、古びて錆《さ》びついたそれは、鶯色《うぐいすいろ》のペンキが幾重《いくえ》にも塗られていた。

その階段は、段数が、十三段あった。

十三を「忌《い》み数」とするのは西洋のみで、この国では十三段ある階段はありふれていよう。

それでも、巣鴨拘置所《すがもこうちじょ》に設置された絞首台が「十三階段」であったと伝えられることなどから、十三という数を不吉とする向きもある。

十三階段を、勝負服姿の男たちが、踏みしめるように、一段ずつ、上ってゆく。

——この十三階段は……。

跫音《あしおと》をひびかせ、無言で階段を上りながら、正樹は心のなかでいった。

——死にゆくための、階段なんかじゃない。俺にとっては、生き残るための、階段なんだ。

階段を上りおえ、堤防を越えた。

雲間からわずかに覗く秋の陽《ひ》はすでに傾き、微《かす》かに波打つ水面《みなも》に反射して勝負服を灼《や》くように照らした。下流の先の東京湾から漂《ただよ》ってくる湿った空気は潮《しお》の香りがした。

正樹も、他の五人も、勇ましいように勢いよく自らのボートへと乗りこんだ。

スターターロープが引かれ、始動したモーターの爆音で静寂《せいじゃく》が破られた。

しかし、すぐに、それよりもさらに大きく、場内各所のスピーカーから、レース開始を告げるファンファーレが高らかに鳴りひびいた。
全艇がピットを離れ、スタートラインのほうへと辷《すべ》っていった。
六本の航跡《こうせき》が、水面に、白く、長く、波立っていた。

第一章 レーサー、家を建《た》てる。

「レーサーになんて、なりたかったわけではなかったんです。それどころか、レースを観たことさえなくて。だけど、強い先輩レーサーは、大きなレースで勝って、賞金を現金でもらうんだぞって。その封筒が、立つほどに厚いんだぞって。そんなに稼《かせ》げるんだ、僕も大きなレースに勝ってみたい、家族を喜ばせたい、そう思えてきて、先輩レーサーの背中を追いかけてみることにしました。だけど、実際にレーサーになってみると、封筒が立つ賞金なんて、僕には、夢の、また夢、でしたけどね」

一

容赦《ようしゃ》なく夏の陽が照りつける土堤《どて》の上に立ち、ボートレースというものを二十歳《はたち》の本吉正樹は初めて目にした。川面《かわも》に浮かぶ色とりどりの六艇が、スタート地点の遥《はる》か後方で漂《ただよ》っていたかと思うと、爆音を轟《とどろ》かせて走りだした。水飛沫《みずしぶき》を上げた横並びの六艇が、彼のまえを通りすぎた。

「おお……」

言葉にならない呻《うめ》きを発したのは、彼ではなく、隣に立っている父行雄《ゆきお》であった。

「ターンマーク」と呼ばれる水上に固定された二つの浮標を、六艇が我先《われさき》にと旋回《せんかい》していった。正樹と行雄の父子《おやこ》は首を左右に振ってそれを見つめた。三周回してレースは終《お》わったが、その間わずか二分にも満たなかった。先にゴールしたボートが勝ちだという、運動会の徒競走《ときょうそう》にも似たそのレースが、彼にはあまりにも呆気《あっけ》なく思えた。

二人の周囲では、舟券を手にした観客たちが、レース結果に喜んだり悔しがったりしていた。

「こういうもんか、ボートレースって」

そう呟いたのも父であった。

彼も、父も、舟券は買わずに観ていただけなので、表情が動くことはなかった。二人とも賭事《かけごと》にはほとんど興味がなかった。にもかかわらずこの三日まえの晩《ばん》、突拍子《とっぴょうし》もなく正樹がいった。

「ボートレーサーになるための試験を、受けてみようかな」

現実味のない話に、しかし父は、嗤《わら》うでも、呆《あき》れるでもなく、「いちどボートレースを観てみよう」と誘ってくれた。

自宅のある東京都墨田区八広《すみだくやひろ》から、車で十数分の近所にあるボートレース江戸川《えどがわ》へとやってきた。小柄《こがら》で華奢《きゃしゃ》な体躯《たいく》だけではなく、八の字に開いた眉《まゆ》も、おおよそ勝負事と無縁《むえん》そうな目尻の下がった優しげな双眸《そうぼう》も、そして口数の寡《すくな》さもまた、父譲《ゆず》りであった。二人で黙って夕方の最終レースまで観戦し、彼が運転する車中でも、帰宅後も、二人に会話はなかった。

二十歳の正樹にとって、楽しいことなど、なにひとつなかった。

朝の五時には起き、千葉県野田市《のだし》まで車を飛ばしてブリキ印刷工場へと向かう。シャッターを開け、先輩社員たちが出社するまえにガスボイラーのスイッチを点《つ》けて乾燥機の温度を上げておく。ガスボイラーは、煙草《たばこ》のパッケージが印刷されたゴミ箱や、アイドルの顔が印刷された缶ペンケースを乾燥させるためのものであった。

基本給は手取り十四万円ほど。生活費に加え、通勤のための自動車のローンやガソリン代を支払うと、手許《てもと》にはほとんど残らなかった。月曜から土曜まで毎晩九時近くまで残業させられ、日曜日は泥《どろ》のように眠ってしまうばかりであった。

いちど、正樹は、レースに敗れていた。

のちに野球の名門となる関東第一《かんとうだいいち》高校で甲子園《こうしえん》出場を目指す高校球児であった。小学一年生から、父が指導者を務める少年野球チームで白球を追いかけた。中学生まではチームの中心選手として活躍できたが、強豪高校の野球部ではなかなか試合に出られなくなった。自分のポジションである二塁手には、同級生の不動のレギュラー選手がいた。守っては俊足で守備範囲が広く、打っては長打力もある正二塁手には敵《かな》うところがなく、彼はベンチを温めつづけた。三年生最後の夏、東《ひがし》東京大会決勝戦、勝てば甲子園という大一番も、彼の役目はグローブもバットも持たない三塁ベースコーチであった。試合には惜敗《せきはい》し、レギュラー争いというレースに勝った正二塁手も、レースに敗れた彼も、ともに涙した。

高校卒業後は、父の跡を継《つ》いで木工細工《もっこうざいく》の職人になるつもりであった。そのために高校は普通科ではなく建築科を選んだし、すぐに父の片腕として稼ぎたいと思っていた。父も、やはり父（正樹の祖父）の跡を継いでおり、「本吉工芸社」は正樹で三代目になるはずであった。父の仕事ぶりを幼い頃から間近で見てきた。十五坪《つぼ》ほどしかない狭小な工場で、朝から晩まで木材を削っていた。作るのは、団扇《うちわ》や絵刷毛《えばけ》の柄《え》、それに鳥籠《とりかご》も。いまどき珍しい和紙と木でできている団扇作りがテレビで特集されたことがあった。注目されたのは絵師や貼師ばかりで、柄だけを作っている父はブラウン管には映らなかった。

それでも、父の仕事も、父も、彼は好きであった。夏は額《ひたい》に汗し、冬は火鉢《ひばち》で指を温め、ひたすらに小刀で木を削る。こつこつと真面目に働いて家族を養ってきた父のように、自分もなりたい、そう思っていた。

ところが、団扇も、絵刷毛も、アジア各地から安価なものが大量に輸入されるようになり、父の仕事が激減した。高校卒業後はしかたなくスナックのボーイになってみたが、父の勧めで以前近所に工場があったブリキ印刷会社に正社員として就職した。その後すぐに野田の工場へと派遣され、そこでの作業に忙殺《ぼうさつ》されるようになった。

ガスボイラーのスイッチを点け、ゴミ箱や缶ペンケースを乾かす仕事をつづけて二年近く、それでも貯金などまったくなかった。バブル景気に浮かれている世間からは疎外《そがい》されたように感じられ、なんのために働いているのかわからなくなってしまった。無為《むい》に過ぎてゆく毎日、青春はすでに高校野球で終ってしまったのだと自分にいいきかせた。

転機をくれたのは、意外にも、自分が敗れたレースに勝った、あの正二塁手であった。

ある日曜日、気まぐれに出身高校の後輩チームを応援しようと、明治神宮《めいじじんぐう》野球場へ足を向けてみた。すると観客席に正二塁手がおり、帰りに喫茶店《きっさてん》で旧交を温めた。

「俺、また受験するんだ」

正二塁手はそういった。

きけば就職はしておらず、高校卒業から二年が経っても、ある夢を追いかけているという。

「ボート、レーサー？……」

正樹にはなんのことかわからなかった。たくさん稼げて、有名になれて、それは文字どおり、夢の職業なのだと、正二塁手が熱く語った。

「大きなレースで勝つとさ、現金でもらう賞金が入った封筒が、立つほどに厚いんだってさ」

話している正二塁手の口許《くちもと》をよく見ると、唇《くちびる》の端《はた》が乾いて裂《さ》けていた。

「ああ、この唇か？　ずっと、こんなだよ」

唇の裂け目を隠《かく》すように、正二塁手が指で押さえた。

試験には体重制限があり、五十五キロ以下でなければ身体検査で不合格になってしまう。ゆえに正二塁手は減量しており、食欲は抑えられないことから、食べたものを、牛乳を飲んで無理矢理に吐《は》きだしているという。荒れた唇は、夢のために五十五キロ以下を保っている、その代償《だいしょう》とのことであった。

「そういや、おまえ、体重、いくつ？」

正二塁手に訊《き》かれ、そういえば最近すっかり痩《や》せてしまっていることを思いだした。早朝の出勤で朝食も摂《と》らず、酷暑のようなボイラー室での仕事で、食欲も落ちて夜遅くに帰るとそのまま眠ってしまうこともしばしばあった。身長は百六十二センチと小柄で、体重も五十七キロくらいまで落ちているだろう。そう答えると、思いがけない一言が返ってきた。

「おまえも、受けてみれば？」

ボートレーサー募集のポスターを見た。平均年収が一千七百万円を超えるという惹句《じゃっく》と、満面の笑みのレーサーの顔写真が頭に残った。一千七百万円といえばブリキ印刷工場の基本給の約十年分にもなる。しかも平均ということは、それより稼ぐレーサーもいるということで、正樹は興奮した。そして同時に、一千七百万円を稼ぐためには十年間もブリキ印刷工場に歳月を費《つい》やさねばならず、このまま三十歳になってしまう自分を想像するとぞっとした。

正二塁手に連れられるように、二十歳の秋に試験を受けてみた。

緊張したのが災《わざわ》いしたものか、血圧が基準値以上に達してしまって身体検査で不合格となった。なにも知らずに受けていたが、試験は全国から志願者が千人以上も受験し、合格するのはわずか四十人余りという狭き門らしかった。東大合格倍率が三倍ほどであることを思えば、二十五倍以上という難関を、自分などが突破できるはずはないと笑いとばせた。

それでも、同じく不合格であった正二塁手とともに、半年後の春にふたたび試験を受けてみた。すると身体検査ばかりか、二次試験にも合格してそのままバスに乗せられた。富士山の麓《ふもと》、山梨県南都留郡《みなみつるぐん》にある本栖湖《もとすこ》での最終実技試験会場となる「本栖研修所（現ボートレーサー養成所）」へと連れてゆかれた。

本栖湖では、教習用の二人乗りのボートを操縦する最終実技試験があった。後部座席に教官を乗せ、外周運転と蛇行《だこう》運転を指示された。生まれて初めて乗るボートの操作に困惑した。左手でスロットルレバーを握って発進する。ブレーキはなく、レバーを離すことで減速する。右手でハンドルを握って旋回する。回したぶんだけハンドルを自ら戻さなければ曲がりつづけてしまうことに戸惑《とまど》った。

二泊三日の最終試験を終え、講堂に合格者番号が掲示された。

そこに、自分の番号を見つけた彼は、歓喜し、やがて、ふと思いだした。

一次試験の身体検査から、他の受験者たちの真剣さを目にしてきた。みな、レーサーになることを夢見てきた同世代の若者たち。一次試験の会場で、祈るようにして合格者番号を探していた者や、不合格を知って涙していた者の姿も思いだされた。そして、正二塁手の、荒れた唇も。

——俺なんかが、合格してしまって、いいのかな……。

人生二度目のレースで、彼は勝者となった。

そして、研修所での一年間の研修期間を経て、ボートレーサーとしてデビューする正樹だが、そこから、嫌というほど、敗れつづけることになる。

二

レーサーになった本吉正樹の、しかし、はじまりは散々なものであった。

すでに、厳しい合格率の受験を突破し、あらためて本栖湖にある研修所へ入所できはした。だがそこからも、レースは延々とつづいた。一年通して行われる訓練生による模擬レースの総合点では、男子の全訓練生中、最下位であった。レース中の艇内では正座をするような姿勢で、両膝《りょうひざ》で踏んばって腰《こし》を安定させて上体でボートを操る。ところが筋力が弱く、両膝で踏んばりきれなかった彼は、ボートに乗るというより載《の》せられているような有様《ありさま》で振りまわされた。卒業に際して親切にしてくれた実技教官からの忠告が、そののちも頭から離れなかった。

「おまえは基本中の基本さえできていないんだから、これから相当努力しないと駄目《だめ》だぞ」

卒業直後のプロとしてのデビュー節で、いきなり教官の「駄目だぞ」の見立てどおりになった。二十二歳の秋に迎えた東京都大田区《おおたく》にあるボートレース平和島《へいわじま》での記念すべき初レース、「第二十五回東京中日《とうきょうちゅうにち》スポーツ杯争奪戦」の予選初日。くしくも同日に同レース場で同期（六十期）の新人レーサー大塚信行《おおつかのぶゆき》が、第一レースで先にデビュー戦を迎え、初出走初勝利という偉業を達成していた。まだ場内がざわついているなかで迎えた直後の第二レースにも、また新人が乗艇しているということで、正樹にも注目が集まってしまった。だが結果は、初勝利はおろか、わずか三周のレースだというのに、一着から八秒ほども離されてゴールするという最下位の六着であった。

つぎのレースも、六着。

つぎのレースも、六着。

つぎのレースも、六着。

そしてデビュー節の締めくくりのレースは、六着よりも、さらに無惨《むざん》な結末であった。

「最後くらい六着をとらないように頑張《がんば》れよ」

平和島のトップレーサーから励まされて臨んだ最終戦。六号艇でスタートして第一ターンマークで捲《ま》くって二番手につけた。だが大外に膨《ふく》らんでしまったうえにハンドルの戻しが遅れ、ボートごと派手にひっくりかえってしまった。他のボートと接触してなどいない、自滅の転覆であった。

ボートは真《ま》っ逆《さか》さまに腹を見せ、ボートから水中へと彼は放《ほう》りだされてしまった。まだ残り二周半あり、そのレースの間、勝負服を着ていながら勝負ができなくなった。水面に浮かんで漂ったまま、救助艇に拾われるのを待った。そんなぶざまな新人の舟券を購入してくれていた観客も少なからずいる。スタート以降の転覆は「失格」となり、その艇の舟券は返還されない。ずぶ濡れになった彼は、観客席に向かって頭を下げながら退場した。さいわい観客席からは遠く、ヘルメットもかぶったままなので、観客からの野次《やじ》は彼の耳まで届かなかった。

成績は、六着、六着、六着、六着、そして、転覆による、失格。

「これよりひどいデビューは見たことねえから、もう下はねえよ。あとは上がるだけだから」

あまりに悲惨なデビュー節に、平和島の年老いた検査員の一人から慰《なぐさ》められた。

――もう、六着にだけは、なりたくない……。

切実に念じて挑んだデビュー二節目も、レース場は同じく平和島であった。

成績は、五着、五着、五着、四着、そして、六着であった。

不安ばかりで迎えるデビュー三節目は、舞台が変わって彼にとってのホームプールとなるボートレース江戸川であった。受験まえに父と二人で観戦に訪れた場所だが、レーサーとなって戻ってきたことへの感慨《かんがい》に浸《ひた》っている余裕など、まるでなかった。

その四日目のレースまえ、朝の試運転を終えてモーター整備室へ帰ってくると、一人のレーサーが彼を待っていてくれた。

それは、東京支部の先輩として、デビューまえに彼の両親に挨拶《あいさつ》をしに八広の自宅までわざわざ足を運んでくれた、桑原淳一《くわばらじゅんいち》であった。正樹も両親もボートレースに興味がなかったためにその名も顔も知らなかった。だがボートレース界で知らぬ者はいないほどの名選手で、ここ江戸川の「開設三十周年記念全日本モーターボートグランプリ」でG1初制覇を達成した、いわゆる「記念レーサー」であった。

「ペラ、どうだった?」

　江戸川の偉大な先輩からそう訊かれた。

「ペラ」とは、プロペラの略だ。プロペラは「レーサーの命」ともいわれる。外径百八十七ミリと掌に載るほどの大きさの、ニッケルとアルミニウム青銅の合金こそが、ボートの原動力であるモーターの回転力を推進力に変える。ボートが水面を滑走できるのは、プロペラの二枚の羽根が水を後方に搔きだすことによる。プロペラの羽根の微妙な角度や曲げ具合でボートの挙動は大きく変わり、それはレースの勝敗に直結する。当時は「選手持ちプロペラ制度(通称「持ちペラ制」)」という、選手が持ちこんだ自分専用のプロペラをレースで使用できる制度であった(平成二十四年に廃止)。

　そんなレーサーの命の調整法を、正樹はまったく知らなかった。新品のプロペラを一つ購入し、自宅で適当に木製ハンマーで叩《たた》いただけでここ江戸川に持参してきた。しかも彼の「持ちペラ」の出足の良し悪しを試運転で判断することさえできず、大先輩である桑原からの「ペラ、どうだった?」の問いに、なにも答えられずにいた。

「行くぞ」

「ペラ室」と呼ばれるプロペラ整備部屋へと桑原が連れていってくれた。そこで正樹の持ちペラを手にした桑原が、二枚の羽根に鉛筆でなにやら複雑な線を引いていった。

「この線に沿《そ》って、叩いてみな」

プロペラを他の選手が調整することは規則で禁じられている。ゆえに桑原は正樹の持ちペラを叩きはしない。正樹本人が修正台にプロペラを載せて木製のハンマーで叩きはじめた。「もっと強く」「そこはそっと」「ハンマーを内側に傾けて」などと、桑原が丁寧《ていねい》に指示してくれた。あたかもそれは、正樹の手だけを使い、桑原が調整しているかのようであった。

桑原が記した線に向かってハンマーを下ろす。ときにその線から外れた箇所《かしょ》を叩いてプロペラをあらぬ角度に曲げてしまうことも多々あった。それでも桑原は声を荒らげることなく、「やり直せ」とだけいって数えきれないほどの回数、彼はハンマーを叩かされた。そしてその間、幾度も桑原が目視で角度を確認しては、理想とする形状へと近づけているようであった。正樹自身はなにもわからずにいわれるがまま叩くほかなかった。

まるで刃物のようなプロペラを桑原が眼を細めて見つめていた。徐々に形状が複雑に変わってゆくプロペラ。それと同様、桑原の眼もまた、鋭く光っていた。本物の勝負師の眼光を、正樹は見た気がした。

「これで走ってみな」

完成したらしい自身の持ちペラを装着し、他のレーサーと二艇で並走してフルスロットルで試走する「足合《あしあわ》せ」に出てみた。ところが転覆の記憶が新しい第一ターンマークを旋回する操作技術が未熟で、ハンドル操作に必死になるあまり、持ちペラによる出足の差異を感じとることができなかった。

レース本番を迎えた。「第十一回京葉賞《けいようしょう》」の予選四日目。川面へ出ると顔が冷たい年の瀬の、朝一番の第一レースであった。いつものように、六着にだけは、そう願ってスタートすると、大外から二番手でスタートラインを通過できた。まだ不得手な第一ターンマークの旋回を無事に終え、先頭の五号艇から三艇身遅れての四番手となる。だがそこからバックストレッチの加速が鋭く、あっさりと三番手を抜いてみせる。第二ターンマークで二番手だけでなく先頭の五号艇をも捲くって差してしまった。四番手からの、三艇牛蒡《ごぼう》抜《ぬ》きであった。

訓練生時代も含め、レーサーとして初めて先頭に立った。そこからも不得手な第一ターンマークが近づいてくると、迫りくる二番手の五号艇とボートの側面を激しくぶつけあう大接戦となった。桑原の助言で叩いたプロペラは、最後まで力強かった。最後のターンマークを旋回する際、不安げに二度も後方を確認してみたが、いつしか二番手以下は遥か後方に小さくなっていた。

デビュー三節目にして、同期のなかでも二番目に早い、初勝利であった。

ピットへ戻ると、満面の笑みで桑原が待っていてくれた。

「よかったな、おめでとう！」

彼が被った青いヘルメットを、桑原が叩いて祝福してくれた。

彼はそのまま桑原を含む六名の先輩レーサーたちに連れられ、救助艇へと乗せられた。救助艇は観客席のまえへと向かい、「客席に手を振れ」「頭を下げろ」などと笑顔の先輩たちに指示されるまま、観客席の拍手や声援に応えていた。やがて救助艇が停《と》まると、彼は先輩たちに抱えられ、水面へと投げこまれた。それは「水神祭《すいじんさい》」という、初勝利祝福の慣例行事であった。

川の水は冷たかったが、転覆して救助艇に拾われた際とは違って心地よく感じられた。

スピーカーから流れる場内アナウンサーの声が、観客席にだけでなく、救助艇にも聞こえてきた。

《地元江戸川で本吉選手プロ入り初勝利、ほんとうにおめでとう！　この喜びを忘れず、また踏台《ふみだい》として、今後も大いに頑張ってもらいたいと思います。ふたたび手を振りながらファンの声援に応《こた》えます本吉選手。ファンのみなさま、今後とも本吉正樹選手にご声援のほど、よろしくお願い申しあげます》

その後、同節の江戸川で、同じプロペラで三着も記録した。賞金は銀行振込ではなく現金支給であった。封筒の中身を確認すると、ブリキ印刷工場時代も含めて手にしたことがなかった四十万円が入っていた。頬《ほお》が緩《ゆる》んでしかたなかった。

——たった一節（五日間）で、こんなに稼げるのかよ。

けれども、年が明けて一月に斡旋された初の地方遠征となる群馬県みどり市のボートレース桐生《きりゅう》でのデビュー四節目。そこにまで桑原がいるなどという幸運に恵まれることは、むろんなかった。

成績は、六着、六着、六着、六着、そして、六着であった。

三

本吉正樹は家を建てた。

レーサーをつづけて三十歳になった年、両親と暮らしていた東京都墨田区内の実家から程近くに二十三坪の土地が売りに出ていた。太平洋戦争末期の東京大空襲で焼野原《やけのはら》になり、やがて復興が進んで狭小な木造家屋が密集して広がっていった住宅街である。消防車が通行できる車道はおろか、隣家《りんか》とは人が通れる隙間《すきま》さえないところも多く、「木密地域《きみっちいき》（木造住宅密集地域の略）」と呼ばれて防災上危険とされてはいる。行政の区画整理事業が進んで道幅の拡張などが加速してはいるが、彼が家を建てたのは、立ちのきが進まずに取りのこされたような、昭和そのままの一帯であった。

しかし、その一帯が、正樹は気に入っていた。生まれ育った街で親しみもあるし、歩けば顔見知りも多い。それだけではない。高層マンションなど遮《さえぎ》るもののない広い空に一塔だけ屹立《きつりつ》する真新しく光り輝く東京スカイツリーと、その長く伸びた影に隠れる低くて古い下町。そこで、互いに寄り添うように建ちならんだ、互いに肩を組むように屋根を連ねた、ささやかだが強く逞《たくま》しい家々。そんな故郷とさえ呼びたくなるほどの町並みに、日本全国どのレース場から戻っても、「帰ってきた」という実感が湧《わ》くのであった。

正樹が建てたのは、三部屋ある二階建て木造住宅であった。そこに、一人で住んでいるのではない。デビュー二年目、二十三歳のときに幼馴染《おさななじみ》と結婚した。中学校の同級生でもあった妻とのあいだに、双子《ふたご》の長男と次男、その翌年に三男、さらにその翌々年に四男と、四年間に四人もの男児ばかりを授かった。

「つぎが女の子という保証でもあるならねえ」

五人目も産むか、そう妻に話してみたことはあった。だが二十五年の住宅ローンを毎月支払い、四人を育てるだけでも、暮らしが精いっぱいであることが、二人にはわかっていた。

弟子《でし》の正樹は家を建てたが、師匠《ししょう》の桑原淳一は「ペラ小屋」を建てた。それは語呂《ごろ》ばかりではなく弟子に知恵を授けるという点で江戸時代の「寺子屋《てらこや》」に似ていた。教えるのはむろん読み書き算盤《そろばん》などではなく、もっぱら「ペラ」の叩きかたであった。

「記念レーサー」である師匠が、自宅とは別に東京都江戸川区内のもとは八百屋《やおや》の空家《あきや》を購入した。弟子たちをそこへ自由に出入りさせ、ペラを叩かせると同時に情報交換の場とした。正樹はレースがない日には連日そこへ通い、ハンマーを振るって師匠から手解《てほど》きを受けた。そこには師匠のプロペラも手本としてあった。しかも師匠が叩く姿を間近で見られるばかりでなく、優秀な成績を収めたプロペラの形状や角度が、レース場や気象条件ごとにデータとしても残されていた。それらを参考にしてプロペラを叩くと、彼の成績も格段に向上した。

本栖湖の研修所を最下位の成績で卒業した彼が、二年目には一時A級入りを果たしもした。その直後には、ボートレース津《つ》(三重県)での憧れの記念レース「第三十八回つつじ賞王座決定戦」に二日間だけ追加斡旋されたこともあった(結果は四レースに出走し、一着、六着、四着、五着)。また、記念のような大きなレースではない一般戦ではあるが、最終日の優勝戦に乗艇して一着となる「優勝」を十回も果たした。一般戦とはいえ優勝戦の優勝賞金となると、予選の一着とは桁《けた》が違う。レーサーとしての彼の人生は、このまま順風満帆《じゅんぷうまんぱん》、記念レーサーである師匠のあとを追ってゆくかのようにさえ思われた。

けれども、彼は、勝てなくなっていった。

二十代の勢いは三十代で徐々に衰え、四十代になると失速は顕著《けんちょ》になっていった。それは四十六歳になった年、選手持ちプロペラ制度が廃止されたことにもよる。それまでは自前の「持ちペラ」を叩くことで調整し、それをレースで使用できた。それがプロペラは選手個人ではなくレース場で一括《いっかつ》管理されるようになり、貸しだされたものをレース開催中に調整することしかできなくなった。「ペラ小屋」でのプロペラ加工という、桑原や彼の優位性はすっかり薄れてしまった。

加齢のこともあった。若い時分には疲れ知らずで、レース翌日でも練習へ行って何周でも思う存分に走れた。いまはレース後気晴らしに缶ビールを数缶呷《あお》って眠ると、翌朝は身体が重くてなかなか起きられなかった。一日じゅう蒲団《ふとん》で横になることもしばしばで、むろん練習不足は否めなかった。減量をしても体重が落ちにくくなったし、治療をしても首や腰や膝の痛みが治りにくくなった。細かなことでいえば、宿舎での眠りが浅いことで寄る年波《としなみ》を感じるようにもなった。午前四時には目覚《めざ》めてしまい、やることがない。しかたなく四人部屋で一人、ラジオをイヤホンで聞く。若いレーサーが起床時間ぎりぎりまで熟睡しているのが羨《うらや》ましかった。

それに、レースでは動体視力の鈍《にぶ》さを感じるようにもなった。ここでスロットルレバーを握る、ここでハンドルを切る、その反応がほんの一瞬だけ遅れてしまう。ボートレースはその一瞬こそが勝敗を分ける。しかもその一瞬の遅れは、精神面も影響していた。若い頃は怖いもの知らずで、まえを走るボートとボートのほんの狭間に舳先《へさき》をねじこむ勇気があった。近頃では本能的に事故を回避してしまう自分がいることに気付いていた。これまで多くの事故を目にしてきたし、なかには選手生命どころか、生命そのものを絶《た》たれてしまった同僚もいた。ボートも防具も進化し、安全性は年々向上してはいる。それでも不可避《ふかひ》の事故はあり、正樹自身も前年にそれを経験している。転覆後に病院で脳のＣＴ検査を受けなければならず、レースを見ていた後輩から「運が良かったですよ」といわれた。最悪の事態さえ懸念された危険な事故であった。

制度が変わってしまい、加齢もあり、臆病《おくびょう》になり、勝てなくなった正樹は、しかし、レースをやめはしない。

——もう、そろそろ、限界なのかな……。

五十代まで必死にハンドルを握ってきはしたが、自分自身に呟《つぶや》いてしまうことが幾度となくあった。

そのたび、かぶりを振った。

——いや、なにいってんだ、俺には、家族がいるじゃないか。

レーサーの家には、家族がいた。

そして、その家族には、まるで降りかかってくるかのように、若い頃からいままで、不測の事態がおきつづけた。

同い年の妻は、レース場から帰宅する彼を、勝っても負けても、なにも変わりなく迎えてくれた。むろん妻が勝利の報告を待っているだろうことは、目減《めべ》りしてゆく銀行の預金残高からも明白であった。

その妻に異変があったのは、末っ子の男児を身籠《みご》もったときのことであった。突然、両耳が聞こえなくなってしまい、「突発性難聴《とっぱつせいなんちょう》」と診断された。

耳が聞こえないままの妻が産んだ末っ子は、細胞《さいぼう》の二十一番染色体《せんしょくたい》が通常より一本多く存在することで発症する遺伝子疾患《いでんししっかん》、いわゆる「ダウン症」であった。身体的発達の遅延や軽度の知的障害などの症状は、千人に一人といわれる同疾患の典型とのことであった。ただ、障害がありながら末っ子は、無邪気《むじゃき》に彼のレースを応援してくれている。

近所に暮らす父は、ラジオで息子が出走するレースの実況を聞いてくれていた。勝ったレースの翌日のスポーツ新聞に息子の名を見つけると、切抜きをスクラップブックに貼《は》ったり、ときには額《がく》に入れて壁にかけたりして喜んでくれた。そんな父が、「脳梗塞《のうこうそく》」で倒れた。半身《はんしん》麻痺《まひ》が残り、その後寝たきりになり、スクラップブックは途絶《とだ》えてしまった。

息子の活躍と、バドミントンを近所の子どもたちに教えることを生きがいにしてきた母は、「認知症《にんちしょう》」の症状が現れた。物忘れがひどく、以前に幾度かレースで勝ったことだけでなく、息子がレーサーであることさえも忘れてしまいそうなほどであった。

妻の耳が聞こえなくなり、息子には障害があり、父が寝たきりになり、母が記憶を失っていった。

そして、本人はといえば、レースで勝てずにいる。

どれだけ敗れても、勝てずにいる。

そんな、試練《しれん》ばかりのような、レーサーの家。

それでも、レーサーは、レースが仕事であり、家を出て、レース場へと向かう。

レース場へ入ってしまうと、六日ほどは家へ帰れない。しかも開催前日に身体検査され、スマートフォンやパソコンといった通信機器は宿舎にいっさい持ちこめない。宿舎とレース場の往復移動さえ、彼らは誰とも会うことができないように選手専用バスに乗せられる。不正防止のため、レース開催中の外出はもちろん、外部との接触が禁止され、家族といえども、連絡がとれなくなる。特例など、認められない。それは、たとえ、どのような、家族がいようとも。

「行ってきます」

別れでも告げるかのように、家の玄関で、彼は挨拶《あいさつ》をする。

その声は、聴力を失った、妻の耳には、聞こえない。

しかし、彼の口の動きを見て頷《うなず》き、「いってらっしゃい」と、妻は微笑《ほほえ》んでくれる。

彼が建てた、小さな家のまえの、消防車が通れないほどに細い路地の角を、曲がってしまえば、家が視界から消える。

角を曲がる、その直前、ほんの少しだけ、路上で立ちどまった彼は、胸《むね》のまえで、小さく、妻に手を振った。

第二章　レーサーの妻、燧《ひうち》石《いし》を打つ。

「うちの人の仕事で、なにが困るって、フライングっていうの、あれは困ります。レースで少しだけ早くスタートを切ってしまう、あれのことです。あれをすると、そのレースは欠場になってしまうだけでなく、厳しい罰則《ばっそく》があるんです。うちの人、短期間に二回もあれをやってしまって、九十日間もレースに出られなかったことがあったんです。後輩レーサーの奥さんが、『フライング貯金《ちょきん》をしとかなきゃ駄目よ』って。だって、レースに出られないってことは、その間は稼《かせ》ぎがゼロになっちゃうんですから。それに、あれをやってしまうと、スタート練習をさせられにわざわざ愛知県まで行かなければならないんです、しかも自費で。『前日から行って泊《と》まりたいんだけど』なんてうちの人がいいだしたときには、冗談じゃないわよ！　どうせ名古屋で飲む気でしょ！　当日の朝早く起きて行きなさいよ！　と怒鳴《どな》ってやりました」

一

本吉美佐恵《みさえ》の夫との出逢《であ》いは、まだ幼稚園児の頃のことであった。

幼い記憶は朧気《おぼろげ》だが、中学校で同じ学級になって再会した。

「チビッコ」。

自分よりも背が低い彼のことを、そうとしか思っていなかった。中学二年生の冬、チビッコが短いメモ書きのような手紙をくれた。

《荒川《あらかわ》の土手で待っています》

放課後に行ってみると、無口な彼が一言だけいった。

「野球を観《み》に来てくれないか」

週末、東墨田《ひがしすみだ》公園少年野球場でユニフォーム姿の彼を見た。野球部の主将として溌剌《はつらつ》とプレーしていた。ヘッドスライディングをしてホームインすると、「普段ならそんなプレーしないのに、誰かが来ていると違うな」とチームメートにからかわれていた。

中学三年生の夏に明治神宮《めいじじんぐう》球場へ高校野球観戦に行こうと誘《さそ》われた。初めて手をつないで球場周辺を歩いていると、「仲《なか》のいい姉弟《きょうだい》だね」と警備員から声をかけられた。目鼻立ちが整っていて色白の彼女は、背が高いだけでなく、落ちつきがある面持《おももち》が、どこか大人びて見えたのかもしれなかった。姉が弟を連れているように思われたことに、彼女は笑ったが、彼は拗《す》ねていた。そんなことくらいが、十代の二人の思い出であった。高校三年間、彼女は女子校でバレーボールに、彼は男子校で野球に夢中で、二人が逢うことはなかった。

高校を卒業し、就職し、大人になって互いに忘れかけていた頃、地元のお好焼屋《このみやきや》で偶然《ぐうぜん》に再会した。後日、彼から電話があり、夢ができたから勤めていたブリキ印刷工場はやめたとのことであった。

「ボートレーサーになるまで、一年間、待っていてくれないか」

レーサーとやらになるためには、テストに合格できたとしても、本栖湖にある研修所で寮《りょう》生活を一年間もしなければならないとのことであった。

一年間も待っていられない、いちどはそう断りはしたが、本栖湖から戻ってきた彼に電話したのは彼女のほうであった。レーサーという仕事は大変そうで、全国各地のボートレース場へ出掛けていっては一週間ほど帰らないという生活をくりかえしていた。当時は荷物を自分で運んでおり、防具やプロペラや工具のいっさいが入った大きなバッグは、小柄な彼には重そうであった。地方から帰ると、彼女は駅まで迎えに行った。取りたての運転免許証と実家の工場の車で、彼と荷物とを彼の実家へと送りとどけるだけのドライブであった。助手席で缶ビールを呷《あお》りながら、彼がレースの様子を話すのを聞いているだけでも楽しかった。

互いにはっきりと告白することもないままに日々は過ぎていった。やがて彼女は二つの命を身籠《みご》もった。産婦人科を受診し、双子《ふたご》を妊娠《にんしん》していることがわかった。それを彼に告げると覚悟《かくご》を決めたようであった。

「お嫁さんになってくれるか」

二十二歳の彼女は、妊娠三カ月で、ウェディングドレスを着た。

彼がレーサーになりたかったように、彼女にも夢はあった。

それは、職人の妻になる、というものであった。八歳のときに両親が離婚し、父の顔は憶《おぼ》えていない。母の実家は皮革《ひかく》製造工場で、祖母と母とが切盛《きりも》りするそこには、大勢の職人が住み込みで働いていた。手に職があり、汗水《あせみず》流して一生懸命に働く職人たちの姿は、彼女の目に逞《たくま》しく映った。

東京スカイツリーで有名な墨田区だが、その北東端に位置する「木下川《きねがわ》」を観光で訪れる者はまずいない。荒川と中川と中居堀《なかいぼり》に三方を囲まれたその一帯では、明治の中頃から国内で鞣《なめ》される豚革《ぶたがわ》の九割以上が生産されていた。鞣しの工程で出る独特の臭気《しゅうき》や屠畜《とちく》への偏見《へんけん》から、この地区は長らく差別されてきた歴史があった。だが彼女はいじめを受けた体験もなく、皮革産業のおかげで経済的に豊かに暮らせてきたことに感謝しつつ育った。隣町の算盤塾《そろばんじゅく》へ通っていたとき、工場からの臭気が漂ってくると、「木下川のにおいだ」などとからかわれたりはした。すると彼女は「明日は雨だよ」と、臭気がきつく感じる翌日は雨、との職人たちの言い伝えを教えてあげるのであった。

夫となった正樹も、彼女が生まれ育った地域や家業のことを差別したりすることはなかった。「街灯《がいとう》が少ないから暗かったな」とか、「鞣し革を運ぶフォークリフトから油が垂れて道路がべたべただったな」とか、幼い頃の木下川を二人で懐古《かいこ》するくらいであった。

そんな夫の、レーサーという職業もまた、職人のようでもあった。

レース場でのレースは、ほんの一瞬だけの華やかな一面でしかない。大半はペラ小屋でハンマーを片手に、プロペラを叩くのが仕事であった。そもそも正樹の実家は木工職人の家でもあり、美佐恵からすると、職人の妻になるという夢が、半《なか》ば叶《かな》ったようなものであった。

ただ、彼女の実家の工場と、自分の結婚相手であるレーサーの家とでは、ある一点において、まったく異なるところがあった。

彼女は一人っ子で母子家庭でもありながら、皮革職人たちがいつでも工場にいて寂《さび》しい思いをしたことがほとんどなかった。ところが結婚してみると、月のうち二、三週間もレーサーは家にいなかった。

そして、結婚から七カ月後、双子の息子たちを二千二百グラムの低出生体重児として出産した。長男は退院が遅れ、夏に生まれたがようやく首が据わったときにはもう冬であった。冬から は昼夜問わず泣きだす乳児が、双子だけに二人になった。かかる手間はすべて二倍で、まだ結婚から一年も経たなかったが新婚気分を味わう余裕などなかった。

そもそも、夫はレースで家にいないことが多かった。息子たちが麻疹《はしか》で高熱を出そうと、感冒《かんぼう》で咳《せき》が止まらなかろうと、レース場にいる夫には電話で相談することさえできなかった。電話をかけたのは彼女の母が危篤《きとく》となったいちどきりで、その際も夫と直接会話はできずに要件のみを宿直の警備員に伝言した。レース中の夫は、もはや音信不通の出稼《でかせ》ぎも同然で、彼女は息子たちのことを、一人で苦悩《くのう》し、模索《もさく》し、解決しなければならなかった。

そんな特殊《とくしゅ》な職業の夫であったが、それでいて稼ぎが特別にいいわけではなかった。

レーサーには月給も賞与もなく、収入は賞金のみであった。レースで勝てなければ、むろん生活は楽ではない。レース場までの電車代は支給されるが、飛行機代やタクシー代の差額は自費となる。なかなか勝てないからといって、腰痛持ちでもある夫に飛行機やタクシーには乗るな、とまではいえなかった。プロペラは一枚二万円以上もしたが、割れたり欠けたりするたびに新品を買わなければならなかった。ヘルメットも、そこに派手な模様を施すペインティングも自費で、作るたびに五万円ほどもかかった。しかもそのヘルメットは、傷一つなくとも規則で三年ごとに交換しなければならなかった。道具ばかりではない。夫は地方のレース場からまっすぐ帰宅せず、先輩や後輩のレーサーたちと飲んで帰ることが多かった。夫の財布《さいふ》には遠方のレース場でなにごとかあったときにも困らぬようにと、ある程度の現金を入れて渡していた。帰宅したその財布を覗《のぞ》くと、一晩で八万円も消えていたことがあった。

「自分へのご褒美《ほうび》でまた仕事が頑張れるんだからいいじゃないか」

問いただすと、夫にそう開きなおられた。

「自分へのご褒美なんてあげられるほど稼いでないじゃない」

美佐恵はそういってやった。将来、家を建てようと貯金もはじめてみたが、貯まるどころか、その月の生活がたいへんなときさえままあった。

さらに、双子の出産から約一年半後の冬、三人目の男児を出産した。これから養育費がなおさら嵩《かさ》んでしまうというとき、夫が大きな仕事を成しとげてくれた。

美佐恵は博打《ばくち》が好きではなく、夫の仕事とはいえボートレースを観戦したことがなかった。たとえ近隣のボートレース江戸川で夫が走っていようとも、行くつもりもなかったし、そもそもレーサーの家族はレース場への入場が禁じられてもいる。その日は静岡県湖西市《こさいし》にあるボートレース浜名湖《はまなこ》で仕事中であることくらいは、カレンダーに記入された夫の字を見て知ってはいた。だが三人の息子を抱えてレース結果をいちいち気にしてなどいられなかった。

「ところで正樹は、今日、何号艇に乗ってたんだ？」

正樹の父行雄が電話でレース場に結果を問いあわせたらしく、「優勝したのは四号艇らしいぞ」と伝えてくれた。美佐恵はスポーツ紙で出走表を調べてみて驚愕《きょうがく》した。その日の「第三十六回東海《とうかい》ダービー」の優勝戦で夫が乗艇していたのは、その四号艇であった。優勝賞金は八十万円で、その節の他のレースの賞金と合わせると、一週間で百万円以上を稼いだことになる。美佐恵は義父とともに大喜びした。義父は近所の人々にまで祝酒《いわいざけ》を振るまい、正樹が帰宅すると祝賀会になった。

レーサーの妻には、人知れぬ苦労もあるが、こんな僥倖《ぎょうこう》があることも、美佐恵は知った。

二

レーサーの妻としてしあわせな一日を、本吉美佐恵は迎えそうになったことがあった。

夫の正樹が「優勝戦」に出場したことがあった。ボートレースは初日の予選にはじまり、数日間に及ぶその予選上位のレーサーによる準優勝戦を経て、最終日最終レースの優勝戦が開催される。出場できるのは六名のみで、予選に出走する全レーサーの目標がこの優勝戦に出場する、いわゆる「優出」である。優出回数は優れたレーサーの勲章《くんしょう》でもある。しかも正樹が優出したのは彼にとっての地元であるボートレース江戸川での「スポーツニッポン杯争奪戦競走」であった。自宅のすぐ近くにあるレース場で夫の勇姿《ゆうし》が見られることは、この先もそう多くはないかもしれないと美佐恵は思いたった。息子たちに見せたくもあり、その手を引いて現地へとかけつけた。もし優勝戦で一着になり、すなわち優勝したら、子どもたちと祝福してあげようと、途中の花屋で買った花束を抱えて。

レーサー自身の舟券購入はモーターボート競走法で禁止されている。親族のレース場への立入りも原則として禁止されていることも、彼女は知っている。ただし特別に許可を得て、一般客とは別の特別観覧席でレース場職員の監視下ならば観戦が可能となる。わざわざ彼女は申請し、決勝の三十分まえから特別観覧席へと案内されて息子たちとレースを見守った。

この日、初めて夫の仕事をじかに目にした。ファンファーレが高らかに鳴ると同時に、ピットから夫ら六名の乗る色とりどりの六艇が飛びだしてきた。優勝戦の賞金は、予選とは格段に違うらしく、すくなからず興奮した。だがスタートすると、一周六百メートルを三周、千八百メートルの攻防は、時間にしてわずか二分ほど。手に汗握る間さえないほど、呆気《あっけ》なく終ってしまった。この二分ほどのために、夫はどれだけの労力や時間を費やしているのかはわからない。トレーニングや減量など体調管理はもちろん、プロペラやモーターの整備、そして乗艇しての練習。それら膨大《ぼうだい》な時間に比べれば、レースの約二分間は一瞬といっていい。レースというのはあまりにも確然《かくぜん》としており、どんなに過程で努力しようとも結果がすべてであった。ゴールした順番が早い者から優劣《ゆうれつ》が付けられ、この日の夫は三着と敗れてしまった。

「さあ、帰ろ」

ボートレースとはなにかがまだよくはわかってはいないだろう息子たちの手を引き、彼女は特別観覧席をあとにした。抱えている花束をこのまま持ち帰って家に飾ることをしたくはなく、帰路の途中でゴミ箱に捨ててしまった。

「みんなで観にいったけど、負けちゃったね」

「優出」したことが、ボートレース江戸川でもういちどあった。だが結果は二着で、花束はやはり無駄《むだ》になった。彼女は花束を二度も捨てるのは惜しくなり、奈良県からやってきた親戚夫婦の妻に、数日後の誕生祝いと偽《いつわ》ってそれをあげた。

花束まで用意して観にいったのに、と帰宅した夫にいうと、「優勝戦で優勝することはそんな簡単にできるもんじゃないんだ、『優出』するだけだってたいへんなことなんだ」と機嫌が悪くなった。

「俺の苦労も知らないくせに」

そこからは、夫の愚痴《ぐち》にも似た説明が延々とはじまった。ひとたびレース場へ入れば、携帯電話も取りあげられて監獄《かんごく》のようなものなんだ。同室の選手の鼾《いびき》がうるさくて、よく眠れないこともあるんだ。いつまでも話している若手選手がいるかと思えば、日の出まえから起きてラジオをつける高齢選手もいるんだ。食べたいものも減量のために食べることができず、サウナで一時間以上も汗をかくことで体重を落とすこともあるんだ。それでも抽選で性能が良くはないモーターを引いてしまえば、一流選手が乗ったとしても勝つことは難しいんだ。

「透明人間になって、宿舎に入りこんで、その苦労を見てみたいわ」

美佐恵がそういうと、夫は黙ってしまい、優勝祝いにと彼女が拵《こしら》えておいた、いつもより皿数の多い夕食に箸《はし》をつけはじめた。

とりわけ夫婦仲睦《なかむつ》まじいと彼女は思っているわけではなかった。だがボートレース界では「おしどり夫婦」と見られているらしかった。それは彼女がつぎつぎと出産したことで確かなものとなった。

双子の長男次男、年子の三男、そして三男出産翌年の夏、彼女が二十六歳のとき、四人目を身籠もったことがわかった。

予定日を二カ月後に控えた真冬、胎児にではなく、自身の身体に異変がおきていることに気がついた。朝、保育園へ行く二歳半になった双子が、揃《そろ》ってバタバタと階段を下りてくる姿を台所から見ていた。だがその階段を下りてくる音が聞こえなかった。

——なに、これ？……。

朝食の支度《したく》を急ぎ、二人が食べはじめると、「いただきます」の声も、箸や茶碗《ちゃわん》の音も聞こえなかった。聴覚に異常を来《きた》していると、はっきりとわかった。耳に手を当ててよく聞こうとしたが、左耳だけほんの微《かす》かになにか伝わりはするものの、右耳はまったくなにも聞こえなかった。

——どうしよう……。

子どもたちが彼女に向かって口をぱくぱくと動かしてはいても、なにを話しているのかまるでわからない。

「え？　なあに？」

幾度聞きなおしても、無声映画のなかに迷いこんでしまったかのようであった。

夫はレース中で相談することができず、きっと三人の育児で疲労したせいで一時的な現象だろうと思おうとした。だが翌日も、その翌日も、聴覚は戻らず、心配になって四人目を出産予定の大学病院の婦人科へ行った。すぐに耳鼻咽喉科《じびいんこうか》に案内され、問診と検査の結果を告げられた。

突発性感音難聴——。

胎児への影響もあるかもしれないからと、本来使用するステロイド剤ではなく、血流改善薬だけを処方《しょほう》する、そう筆談《ひつだん》で知らされた。原因を訊いたが、ウイルス感染や内耳の血流の循環障害といわれているが、ストレスや過労《かろう》、睡眠不足などがあるとおこりやすいとも説明された。明らかな原因はまだ解明されてはいないという。内耳にあって聴覚を司《つかさど》る感覚器官である蝸《か》牛《ぎゅう》で、音の振動が電気信号に変換され、脳に伝える役割がなされている。その有毛細胞《ゆうもうさいぼう》がなんらかの原因で阻害《そがい》されることでおこっているということを、あとから自分で調べて知った。

静かな環境で心身ともに安らかにすることが大切とも医師にはいわれた。三人の幼子とレーサーの夫を抱え、それに出産を間近に控えた毎日が、静かでも、安らかでも、あるはずなどないと彼女にはわかっていた。

そして、二カ月後、無音の世界で、四人目を出産した。

赤ん坊の泣き声さえ聞こえず、自身の激しい呼吸と鼓動だけが伝わってきた。

聴覚を失ったこと、そのなかで出産を終えたことで、これからどうなってしまうのか。彼女は不安でしかたがなかった。

しかし、出産二日後、まだ会えずにいる赤ん坊についての事実を、医師から告げられた。

「え？　なあに？　なんておっしゃってるの？」

一緒にいた夫の肩を揺《ゆ》らし、医師の言葉を訊こうとした。

医師が深刻に告げている事実を、夫がそのまま大声にして、わずかに聞こえる左耳のすぐ近くで教えてくれた。

生まれてきた男児にはチアノーゼがみられ、赤ん坊というより青みがかった暗紫色《あんししょく》の皮膚《ひふ》をしているという。心臓疾患があることがわかったと同時に、足の裏から血液を採取して検査してみると、染色体疾患、いわゆる「ダウン症」であるらしいことがわかったとのことであった。

目眩《めまい》がした。

二日まえまでは膨《ふく》らんでいた、いまは膨らんではいない、自身の腹部を、両手で押さえたまま、彼女は動けなくなった。

三

――だけど、「普通」って、なんだろう……。

「特殊」などではなく、いたって「普通」であると、本吉美佐恵は思っていた。だが二十六歳のとき、「普通」ではなくなってしまったと思うようになった。

聴覚を失ったことと、産んだ子がダウン症と診断されたこと。

いちどきにやってきた二つの事実によって、「普通」からは外れ、「特殊」になったような、周囲からの疎外感《そがいかん》を抱くようになった。

たとえば、買い物に行くとき、いつもなら自宅近くにある大型スーパーを利用していた。そこではかならずといってよいほど、同窓生や「ママ友」といった知人に出会《でくわ》した。暑い寒いと時候の挨拶にはじまり、互いに時間があればとりとめのない会話になることもあった。同窓生の近況、子どもの情報交換、些細《ささい》な愚痴、他愛《たあい》ない世間話、いわゆる井戸端会議《いどばたかいぎ》である。聴力を失ってしまうと、相手の言葉が理解できずに井戸端会議にならなかった。自分の障害を知らない主婦が近寄ってくるたび、耳が不自由になったと説明する。だがそれも煩《わずら》わしくなった。そのうち会釈《えしやく》だけして背を向けるようになり、やがては大型スーパーそのものへ行かなくなってしまった。

知人と顔を合わせることが少ない、個人商店が軒《のき》を連ねる昔ながらの商店街で買い物するようになった。そこでは店員の言葉が聞こえず、合計金額がわからないことに難儀《なんぎ》した。他の客もいて忙しいさなかに金額を筆記してもらうわけにもいかず、毎度紙幣を多めに出して釣銭《つりせん》をもらうことにした。それは会話をせずとも買い物ができるために妙案《みょうあん》と自画自賛《じがじさん》したくなったが、釣銭の小銭ばかりが大量に貯まって困った。

四男がダウン症と診断され、知的障害がある者に交付される、様々な支援を受けられる療育手帳（東京都は「愛の手帳」）を申請した。だが自身に交付される身体障害者手帳は申請しなかった。きっと治る、いまに聞こえるようになる、そう願っていた。夫とともに四男を連れて商店街を歩いていたとき、見知らぬ年配の女性からなにかいわれた。夫に訊くと「不憫《ふびん》ねえ」と四男のことを憐《あわ》れまれたのだという。「不憫」という言葉が、頭にこびりついて離れなくなった。身体障害者が身体障害児を生み育てていると、そんなふうに憐れまれたくはなかった。

聴力を失ってから四年が経っても、耳が聞こえはしなかった。観念するかのように、手話《しゅわ》教室で手話を習いはじめた。四男が入学する特別支援学校には手話ができる先生もいるとのことで、少しでも話ができればと思った。だが成人してから新たにはじめる手習いは記憶力が及ばず、手の動きが速くなると意味がわからなかった。長男次男が小学生になり、保護者会では彼女のためだけに手話通訳がついてくれた。せっかくのその手話も、速くて理解できずにけっきょく筆談になってしまった。手話教室は一年半でやめてしまい、手話はいくつかの単語を覚えただけであった。いくつかの単語だけしか話すことができずにいる四男と自分とが、まるで同じ身の上になったような気がした。

聞こえずに、どうにか聞きたくて、やはり聞こえなかった。

悔しくて、悲しくて、やりきれない日々。そんななかでも最も困ったのは、四人の息子たちの声が聞こえないことであった。長男次男三男が幼かったときは、母の耳が不自由であることがわからず、一生懸命になにかを伝えてくることがあった。

「え？　なあに？」

彼女が聞きなおすと、息子たちは大声を張りあげてくれるのだが、聞こえなかった。やがては聞こうとする彼女よりも先に、伝えようとする子どもたちが諦めてしまうことが多々あった。

——なんにも聞こえないんだから、なんにも返せるわけ、ないじゃない。

いま、この瞬間の、息子たちの、意思や、感情を、共有してあげられないということは、母としての役割を果たせていないような、そんな気さえした。

やがて、思春期の第二次反抗期という精神発達の過程を、息子たちがそれぞれに迎えた。彼らは彼女に背を向け、ほとんど話しかけなくなってしまった。それは自分が聞こえないせいだけではなく、他の家庭の子どもたちも似たようなものなのかもしれないと思おうとした。だがもし話を聞いてあげることさえできれば、少しはこちらを向いてくれたのかもしれないと自責した。

ダウン症の四男だけは、思春期を迎えても無邪気《むじゃき》な様子を見せてくれはした。だがその四男に対しても、彼女は申し訳ないと思うことがあった。特別支援学校では数多くの言葉を学んで家へ帰ってきた。物の名を覚えたことが嬉しいらしく、家にある様々なものを指差《ゆびさ》してはそれを口にしていた。

「よく覚えたね！」

そういって褒《ほ》めてあげはするのだが、その発音が正しいのか、むろん彼女にはなにも聞こえていなかった。そのせいかもしれないが、四男の発音はとても聞きとりにくいままに成長してしまったらしい。それは夫が聞いてもなにを話しているのかよくわからないというほどであった。

ときどき、自分の言葉が伝わらないことで、四男が癇癪《かんしゃく》をおこすこともあった。

「わからないから書いてちょうだい」

そういってペンとメモ帳を手渡しても、筆記は苦手なようで面倒《めんどう》になってしまうらしく、黙って動かなくなった。

「じゃあ、おとうさんが帰ってきたら、おとうさんに聞いてもらおうね」

その「おとうさん」も、レースでなかなか帰ってこられないことが多い。あるときは四男の癇癪に、逆に彼女が怒ってしまったことがあった。

「だって、なにをいっているのか、わからないんだもの！」

すると、四男が便所に閉じこもって鍵《かぎ》をかけ、出てこなくなってしまった。

自分にも、息子にも、身体的な不自由がある。

ただ、それだけのことなのに、息子が心にまで鍵をかけてしまったように思えて、悲しかった。

彼女は、身体障害者手帳を申請した。

補聴器を勧《すす》められて装着し、ほんのわずかながら低音ならば聞こえるようになった。

身体障害者手帳が交付されたこと自体に、悪いことなど一つもなかった。

とはいえ、身体障害者手帳は、人の心まで救ってくれるわけでは、もちろんなかった。

《2等級　感音性難聴　聴力障害　右100dB、左100dB》

自身の顔写真が貼られた手帳に、そう記されていた。

聴覚障害とダウン症。それぞれの全人口に対する割合など、知らなかったし、知ろうともしなかった。知らなくても、自分と四男が、人から見れば、「普通」から外れてしまっていることは、間違いないように思われた。

——だけど、「普通」って、なんだろう……。

しばらく考えてみた。

——「普通」だろうと、「特殊」だろうと、私たちの暮らしは、つづいてゆく。四人の息子たちを育てること。四男の不便さを助けること。そして、夫の無事を祈ること……。

レーサーという仕事もまた、人から見れば、「特殊」なのかもしれない。たとえばレーサーは、命がけの仕事でもある。転覆して後続艇に撥《は》ねられたり、モーターのプロペラに巻きこまれたりして、命を落とした者もいる。どれだけ予防しようにも、どうしても避けることのできない事故はおき、負傷者や犠牲者は出てしまう。

——大切なのは、人から見た「普通」なんかじゃ、ないのかも、しれないな……。

しばらく考えてみて、彼女は思うようになった。

――たとえ、人から見れば不憫で、「普通」じゃないと思われたって、私が「特殊」で、あの子が「特殊」だなんて、そんなふうに、私は思わない。だって、私たちも、「普通」に暮らしているだけだもの。

夫がレース場へと向かうその朝、いつもきまって彼女は、玄関でしている行為がある。

燧石《ひうちいし》を打つのである。

燧石から放たれる火花を、夫の背に浴びせて邪気《じゃき》を祓《はら》う「切火《きりび》」。それは日本古来の浄《きよ》めの風習である。

もはや、現代でそれをすることは、かなり「特殊」といっていい。

しかし、美佐恵にとって、それは「普通」のこととなった。

先輩レーサーの妻もそれをすることで、夫が無事にレースをできている。夫がその先輩レーサーから、燧石をもらってきた。美佐恵は先輩レーサーの妻を真似て「切火」をやってみた。やってみてわかった。「事故に気をつけてね」などと言葉で伝えるよりも、無事を祈る心が、火花にこめられる気がした。

燧石を打つその音も、夫が振りかえって「行ってきます」というその声も、彼女には聞こえなかった。

けれども、夫の挨拶に応えるように、以前と変わりなく、声を出すことはできる。

「いってらっしゃい」

第三章

レーサーの末っ子、パンを焼く。

「おとうさん、すき。おとうさん、しごと。いない、さびしい。かえってくる、うれしい。ぼく、しごと。パン、やく。しごと、かえり。こんびに、かう。おとうさん、おこる。ふとる、だめ。こんびに、おにぎり。ふとる、だめ。こんびに、じゅーす。ふとる、だめ。おとうさん、すき。おんせん、いく。おなか、こちょこちょ。ぼく、わらう。おとうさん、わらう。にゅういん、きらい。ぼく、ねる。おとうさん、ねる。ふたり、ねる。ひげ、そらない。ひげ、のびる。たくさん、のびる。かがみ、みる。ぼく、わらう。おとうさん、わらう。おとうさん、すき」

一

二人が二十六歳の、真夏のことであった。

三人目の子どもを出産して八カ月が経った頃、本吉正樹の妻美佐恵は四人目を身籠《みご》もったことがわかった。だが後日、東京都文京区《ぶんきょうく》にある大学病院の産婦人科で精密検査を受けてみると、祝福はされずに医師から選択を迫られた。

「今日、この場で決めていただけますか。出産するか、中絶するか。ご判断は、お二人にお任せします」

双子を含めて三人を出産した宮壁《きゅうへき》が膨張《ぼうちょう》して薄くなったまま、四人目が着床《ちゃくしょう》しているとのことであった。分娩《ぶんべん》時に子宮が破裂《はれつ》してしまう可能性があり、そうなれば胎児《たいじ》のみならず母体も大量出血のために生命に危険があるという。それを承知で四人目を出産するか、母体の安全を考慮して中絶するか。

懐妊《かいにん》を告げられたとき、「つぎの四人目こそ女の子だといいね」と夫は喜んでくれた。「そうだといいね」と彼女も頷いた。

出産か、中絶か。その場で二人は出産を決断した。

四カ月、五カ月、六カ月と、徐々に腹部の膨らみが増すとともに、なかにいる四人目が女児であると美佐恵は確信した。

「だって、この子、おなかを蹴《け》らないんだもの」

これまでの三人とは異なり、子宮の壁まで脚《あし》を伸ばす胎動《たいどう》の感覚がないことが女児の証《あかし》であるように思えた。「ミホ」という名まで決め、漢字の候補を二人でいくつも挙《あ》げていた。

妊娠八カ月目、胎児ではなく彼女の身に異変がおきた。突然に耳が聞こえなくなったのである。原因不明で治療法がない「突発性感音難聴」であると告げられた。不安になりはしたものの、約二カ月後に迫っている出産を無事にやりとげなければならなかった。

年を越して春になり、予定日より十日早く陣痛《じんつう》がはじまった。心配されていた子宮破裂はおきず無事に出産できた。これまでの三人と異なったことといえば、赤ん坊が産道《さんどう》から出てきた瞬間、その泣き声が、彼女の耳には聞こえないことくらいであった。すでに三人産んでいるだけに顔馴染《かおなじ》みになっている看護師が、赤ん坊を取りあげるなり、なにかを言ってくれた。それも聞こえずに「え？　なあに」というと、耳へ口を寄せて大きな声を出してくれた。

「また、おちんちんがついていますよ！」

四人目も女児ではなく、男児であった。きっと夫が落胆するだろうと思った。だが彼女は、自身と赤ん坊、母子ともに無事であったことへの安堵《あんど》のほうが大きかった。

「ミホ」は諦め、四人目の男児の名を、夫とともに考えなければならなかった。

その名の候補さえ決めていない出産二日目のことであった。二人揃《そろ》って医師に呼ばれ、二つの重大な事実を告げられた。夫は愕然《がくぜん》としていたが、彼女には医師の言葉が聞こえなかった。夫の肩を揺すると、彼女のほうを向いて大きな声で医師の言葉を反復してくれた。それを聞きおえた彼女も、遅れて愕然《がくぜん》とした。

生まれた赤ん坊に「ダウン症候群」の症状が認められること。その症名を知ってはいたが、まさか我が子がそうであるとはまったく予期していなかった。

さらに、医師がかさねて告げた言葉を、夫が反復してくれた。難しい病名で、「え?」と幾度も訊きかえしてしまい、自分の口で小さく反復した。

「しんぼうちゅうかくけっそんしょう?」

すると医師が、「そうです」と頷いた。

赤ん坊はダウン症であるとともに、「心房中隔欠損症《しんぼうちゅうかくけっそんしょう》」でもあるというのだ。それは心臓の四つの部屋のうち、右心房と左心房の間の壁に穴が開いている疾患とのことであった。左心房から右心房への血流により、右心房と右心室がしだいに拡大し、心不全《しんふぜん》や不整脈《ふせいみゃく》が引きおこされるという説明を、彼女はすぐには理解できなかった。

いわゆる「ダウン症」であること。

同時に「心臓病」であること。

美佐恵はその場で動けなくなった。

四男を抱いて退院すると、悩んでいる暇《ひま》などほとんどないことにすぐに気付かされた。ボートレーサーである夫は、月に二、三週間は全国各地にあるボートレース場へ行って音信不通になってしまう。家庭でなにがおきようと、不正防止のために連絡できない。自宅には四男以外に三人もの幼い男児がおり、一対四で育児に追われた。小さな、ときには小さくはない出来事が四人の息子たちにおこっても、彼女一人でなんでも解決しなければならなかった。

その慌ただしさに、しかし彼女は救われていたのかもしれなかった。双子の長男次男が小学校へ入学し、三男が保育園へ入園した。四歳になった四男と初めて、彼らが帰宅してくるまでの数時間だけ、一対一で向きあうようになった。

寝返りも、ハイハイも、摑《つか》まり立ちも、そして歩くのも、他の子と比べるとかなり遅かった。書籍を読んで調べた彼女には、理解できたことがいくつかあった。そこに書かれていたのは、いわゆる「ダウン症」が、最初の報告者であるイギリス人医師の名前が付けられたことや、原因は染色体の突然変異らしいといった基礎知識ばかりではなかった。ダウン症を持った子どもを育てるにあたっての、親の心構《こころがま》えも記されていた。

大切なのは、我が子と他の子とを、比べない、ということであった。

比べてしまうと、運動発達も、言語発達も、たしかに、遅くはある。

けれども、他と比べてしまうことなく、彼そのものだけを見れば、遅さはあまり重要ではないと思えるようになってきた。

寝返りも、ハイハイも、摑まり立ちも、そして歩くのも、しばらく待てば、やがてはできるようになった。

他と比べてしまうと、遅々としている現実への焦燥感《しょうそうかん》や未来への不安感に苛《さいな》まれてしまう。なにごともこんなに遅れていて、小学校や中学校でどうなってしまうのか。もっとずっとさきの将来も、もしも自分たち夫婦が年老いて死んでしまったあと、この子だけが残されたらどうなってしまうのか。つぎからつぎへと心配事が溢れてきて、胸が詰まって苦しくなってしまう。

「だから、他と比べなければいいのよ」

自身にいいきかせるように、美佐恵は夫にいった。

「この子は、この子なりの、人生を歩んでいければ、それでいいのよ。ただ時間がかかるだけ。私が待ってあげればそれでいいし、たとえできないことがあったとしても、それは、どう願ってみたところで、やっぱりできやしないんだから、しかたないもの」

ただ、一つだけ、美佐恵には、四男に対しての、拭《ぬぐ》いきれない自責の念がある。それは、もし、母親である自分に、聴覚障害がなければ、言葉を話すことを、丁寧に教えてあげられたかもしれないことであった。

四男は五歳、六歳、そして七歳と、就学する年齢になっても、言葉が上手に話せないままであった。口籠《くちご》もってしまうような独特の発声で、意思を伝えられないことが多かった。しかも彼女の耳が不自由なため、息子の真意がわからないままでも、「うん、そうだね」と適当《てきとう》に応え、頷いてごまかしてしまうこともままあった。

四男が話せず、彼女が聞こえない。

特別支援学校へ四男が通うようになり、学級にはダウン症を持つ子の母親も他にいた。多くの単語を懸命に教え、それでもなかなか覚えられずにいる母子を見かけた。そんな他の母親の熱意や子の努力は、それはそれで素晴らしいと彼女は思った。

しかし、「うん、そうだね」と諦めてしまうことで、救われる面も彼女にはあった。授業参観日に、《あ・い・う・え・お》と黒板に書かれた文字を順に教諭《きょうゆ》が指差し、それをそのとおりに発声できているらしい四男の姿を見た。それだけでも、感激してしまう自分もいた。小学生で《あ・い・う・え・お》では、遅いのだろう。だが四男の、それでも頑張って話そうとしている精いっぱいの努力が、ありありと伝わってくるのであった。

——それでもいいよ。しかたないよね。

《あ・い・う・え・お》の文字がしっかりと読め、発声できたらしく、無邪気に喜んでいる四男を見つめながら、彼女は心のなかでいった。

——だってさ、もし、私も、聞こえない耳を、他のお母さんのように、ちゃんと聞こえなきゃ駄目だっていわれたら、つらいもん。

夫がレースで、三人の息子たちが学校で、四男と美佐恵、二人きりの午後。

夫が建てた小さな家で、居間の掘炬燵《ほりごたつ》に二人で腰掛け、並んでテレビを見ていることがある。録画してある同じ番組ばかりを、四男はなぜかくりかえし見たがる。『3年B組金八先生《きんぱちせんせい》』のときもあれば、『忍者戦隊《にんじゃせんたい》カクレンジャー』のときもある。もう物語のあらすじは覚えてしまっているのだが、四男は楽しげで、なにかを彼女に話しかけてくる。

「おまわりさん、まつじゅん」

そういっているように思えた。

「え？　なあに」

すると四男が堀炬燵の上の新聞の折りこみ広告の裏面にペンで記す。

《おまわりさん、まつじゅん》

お世辞にも綺麗《きれい》とはいえない平仮名《ひらがな》である。

画面には金八先生と話す警察官が映っていた。なんのことか、彼女にはわからず、わからないままに適当に応えた。

「うん、そうだね」

しかし、しばらく考えてみると、いつであったか俳優の松本潤《まつもとじゅん》が警察官役を演じているドラマを一緒に見たことを思いだした。むろん金八先生と会話しているのは「まつじゅん」などではなく、まったく別の俳優である。

おもわず、彼女は、くすりとしてしまった。

「いつだったか、マツジュンが警察官役のドラマを、お母さんと一緒に見たね」

きっと、四男はそういいたかったのだろう。

また、彼女のほうが勝手にドラマの感想を、四男にではなく、自由気ままに独《ひと》り言《ごと》のように話しているときもある。

するとき、四男が適当に応える。

「うん、そうだね」

なにも、伝わっていないようでいて、なにか、伝わっている気がした。

そんな、静かで、穏やかで、心安らぐ、二人だけの時間が、彼女には、愛《いと》おしかった。

テレビを見ている最中に、突然、息子が彼女の肩を叩いた。

「げんかん、げんかん」

口を見ると、「玄関、玄関」、そういっている。

おそらく、玄関で、配達員か誰かが、呼鈴《よびりん》を押したのだろう。

なにも聞こえなかった彼女は、「ありがと」と四男に礼をいい、掘炬燵から立ちあがると、「はーい」と大きく返事をしながら玄関へと向かった。

二

本吉正樹は、四男に名を付けた。

「駿行《としゆき》」。

レーサーである父らしく優駿の「駿」に、正樹の父の行雄から「行」の一字をもらった。優れた馬という意味より、様々な競走馬がいるように、個性豊かに自分の力を出しきって人生を走ってほしい、との願いをこめた。

約千人に一人といわれる特徴的な体質を持って生まれてきた駿行は、しかしおもいのほか丈夫に育っていった。心配された「心房中隔欠損症」は、手術をせずとも成長過程で心壁の穴が塞《ふさ》がって自然に治癒《ちゆ》した。

三人の兄たちと同じ保育園では、服を着るのが遅い、靴《くつ》を履《は》くのも遅い、と保育士からときどき連絡があった。服は大きなボタンに付けかえたり、靴の踵《かかと》に紐《ひも》を付けたりと工夫をした。なるべく保育士に迷惑がかからないよう、かといって駿行を急《せ》かしてしまうことのないように努めた。

小中学校も兄たち同様に近所の学校へ入学させたいと正樹は望んでいた。だが美佐恵とともに小学校へ事前見学に行ってみると、授業内容の難しさや給食時間の短さ、児童同士の意思疎《いしそ》通《つう》などに不安を覚えた。服を着たり靴を履いたりでは追いつかない、ありとあらゆる場面で「速度」が求められ、駿行が無理を強《し》いられそうなのは明らかであった。

速度とは無縁の駿行の暮らしぶりであった。保育園から帰宅すると、二階の子ども部屋へと上がり、鞄《かばん》を置き、服を着替え、少しくつろぎ、一階へ降りてきて手を洗い、居間に座ってテレビを見る。そこまで彼なりの順序に従ってゆっくりと、しかし着実に行われる。もしそこに速度という基準を持ちこんでしまえば、駿行は劣等生《れっとうせい》になってしまう。だが正樹と美佐恵が見ていて感心してしまうほど、毎日寸分《すんぶん》の狂いもない正確な行動は、速度という基準さえなければ、それはそれで価値があるかもしれないと思えた。

考えてみれば、一般の学校は、競争ばかりである。

駿行のまえに三人の息子を育てたため、正樹にはそれがよくわかる。学業においても、運動においても、成績や順位があり、クラブ活動においてさえそれらがある。正樹自身も子どもの頃から野球で競争をしてきた。いまではレーサーとして競争を仕事にさえしている。

幼い頃から競争させられる枠組《わくぐみ》のなかで育てば、なにごとにおいても競争で勝つことを肯定《こうてい》してしまう。勝利することは良いことで、勝者は優れていると讃《たた》えられ、ゆえに競争そのものが善行《ぜんこう》である、無自覚《むじかく》に誰もが信じていそうである。

しかし、四人目の駿行を見ていると、ほんとうにそうだろうか、との疑念《ぎねん》が生じる。

競争には、良いとされる勝利があり、優れているとされる勝者がいる。

競争には、悪いとされる敗北があり、劣っているとされる敗者もいる。

競争では、きっと駿行は、敗北にまみれ、敗者になりつづけてしまうことだろう。

正樹は美佐恵と相談し、小学校からは駿行を特別支援学校へ入学させることにした。学習上や生活上の困難を克服し、児童の自立に必要な知識技能を授けることを目的としている特別支援学校のほうが、駿行のためになるように思えた。

兄たちが通った小中学校とは異なり、特別支援学校には競争がなかった。障害の区分によって個々の速度がそのまま尊重《そんちょう》され、学業でも運動でも、急がされることも、人と比べられることもなかった。

むろん、その時点で駿行は、競争から除外されたことになる。学力を測られることも、運動で順位を付けられることもない。入学試験や入社試験を受けることもないだろう。

競争をしていない駿行には、たとえば闘争心は身につかなかった。勝敗や優劣のために、他者と自分とを比べるということをほとんどしなかった。勝利を羨《うらや》むことも、勝者を妬《ねた》むことも、敗北を恥《は》じることも、敗者を蔑《さげす》むこともなかった。

そんな駿行のことを、勝てないからといって、良い子ではないとか、優れている子ではないとか、正樹にはどうしても思えなかった。なぜなら、駿行には、闘争心とはまったく別の、人を思いやれる優しい心が、たくさん、たくさん、あるように思えるからだ。

思春期になった長男や三男と、正樹は父子喧嘩《おやこげんか》をしたことがあった。きっかけは些細《ささい》なことでよく憶えてさえいない。怒鳴《どな》りあい、取っくみあい、ダイニングの食器棚《しょっきだな》の硝子《がらす》が割れるほどの激しさであった。そうした喧嘩のさなかに、二人のあいだに駿行が割って入ってきた。

「けんか、やめな」

口籠もってよく聞きとれない言葉で、駿行は父と兄とを宥《なだ》める。ふと正樹は喧嘩の手を止めて駿行の顔を見ると、笑っていた。おとうさんも、おにいちゃんも、わらいな、とでもいうように、駿行は笑っていた。

正樹と美佐恵が四人の息子たちを寝かしつけた夜の十時から一時間ほど、夫婦水入《ふうふみずい》らずで近所の居酒屋《いざかや》へ出掛けたことがあった。帰宅すると玄関の鍵《かぎ》が開いており、兄たちはぐっすり眠っていたのに、駿行だけがいなかった。慌てた二人は町じゅうを捜しまわった。それでも見つからずに警察に捜索願《そうさくねがい》を出すしかないと思った。「もしかしたらお子さんをお捜しですか」。公園にいた女性から声をかけられた。いましがた名前を訊いても話せない子が徘徊《はいかい》していたところをその女性が保護しているとのことであった。女性宅へ迎えにいくと、パジャマ姿で大人のサンダルを履いている駿行が玄関先で待っていた。

きっと、自分が心配されるとも思わずに、いなくなってしまった二人のことを逆に心配したのだろう。それに、寂しくて、寂しくて、いてもたってもいられなかったのだろう。

「ごめんな！　トシ、ごめんな！」

正樹は駿行を抱きしめた。

兄たち三人には、正樹が勧めて野球をやらせた。駿行だけは、球を、投げることも、打つことも、捕ることも、できなかった。一人だけ野球ができず、そもそもルールさえわからないようであった。なのに、兄たちの練習や試合に夢中な正樹と美佐恵に連れられ、週末のたびにグラウンドへと一緒に来てくれた。兄たちが、勝っても、負けても、正樹が、喜んでいても、怒っていても、駿行は、笑顔であった。そんな笑顔を、兄たちや正樹ばかりではなく、他の選手たちや親たちも見た。みな、つられたように笑顔になった。チーム全体が、どれだけ駿行の存在に和《なご》まされたかわからなかった。

ボートレーサーとして正樹は、日々、競争のなかで、もがき苦しんでいる。勝利への欲望や、敗北への不安は、人一倍なければならない職業であった。一週間ほども不正防止のために外部との連絡がいっさい絶《た》たれ、ボートレース場に閉じこめられたようになる。ごくたまに勝者になったり、多くは敗者になったりして、ようやく競争を終える。ボートレース場の出口で、自身のスマートフォンを返却される。

全国どこのボートレース場から出てきても、まず、スマートフォンの電源を入れ、家族からの連絡を確かめる。

そこに、駿行からのメッセージが残されていることがある。

《しごとがおわったら、おんせん、いこうね》

《おんせん》とは、自宅近所にある銭湯のことで、よく家族で入浴に行く。そこで正樹は、思春期を過ぎてから伸びてきた駿行の髭《ひげ》を剃刀《かみそり》で当たってやる。まるで中年肥《ぶと》りのように出てきた腹を擽《くすぐ》って二人して笑ったりもする。正樹にとっては、レースの合間の、安らぎの時間であった。

髭といえば、駿行が痔瘻《じろう》を患《わずら》って入院した際、正樹は同じ病室に一緒に泊まって看病をした。そのときは駿行の髭を当たらずにどこまで伸ばせるものか二人で遊んだ。数日後、鏡《かがみ》を見せると、駿行は自分の顔に大笑いした。まるで強面《こわもて》のプロレスラーのように口の周囲が黒くドーナツ状に覆《おお》われたのである。

仕事をしている正樹への、駿行からのメッセージ。

それは、レースで頑張ってね、ではなく、レースで勝ってね、でもない。

《しごとがおわったら、おんせん、いこうね》

ただ、それだけ。

勝利への欲望も、敗北への不安もなく、競争からはまるで離れた末っ子からの、競争にまみれた父を思いやる、優しさに満ちた、メッセージ。

正樹は、駿行へ、すぐに返信する。

《しごとがおわったよ、おんせん、いこうな》

三

二人してスリッパで長い階段を上る音が高い天井に反響した。

二階まで上がりきると、本吉正樹と妻の美佐恵は、施設長が案内してくれた大広間《おおひろま》の扉のまえで呼吸《こきゅう》を整えた。

「いま、こちらで作業されていますよ」

施設長が静かに扉を開け、大広間へといざなってくれた。

正樹と美佐恵は一揖《いちゆう》してからなかへと入り、広々とした室内を見回した。

そこでは木製の細長いカウンターテーブルで六十名ほどがなにやら作業をしていた。厚紙のようなものを折っていた。私語をしている者はおらずに静まりかえっていた。

「あぁっ!」

口籠もったような声が、静かな大広間に響きわたった。

二人が見つけるよりさきに、駿行が両親を見つけて元気よく手を振った。今朝《けさ》、もう七月だというのに自分で選んで羽織っていったスカジャン姿であった。

笑顔の息子を見て、正樹も、美佐恵も、笑顔になった。

しばらく二人は駿行の作業を見せてもらった。駿行に与えられているのは、長方形の厚紙を三角形に折りたたむ手作業であった。それは文具メーカーに依頼された仕事で、折りたたまれて三角形になった厚紙は、賞状を入れる額縁《がくぶち》の包装の一部であった。

テーブルの上に堆《うずたか》く積まれた厚紙を、折りたたんでは大きな籠《かご》へと入れてゆく。ただそれだけの単純作業を、駿行はゆっくりと指を動かし、着実にこなしていた。積まれた厚紙が減ってくると、職員が来て新たに補充《ほじゅう》し、また堆く積まれる。二時間以上もただそのくりかえしとのことであった。

「本吉さんのお仕事は、速くはないんですけど、丁寧なんです。もう少し速いと、作業代をより多くお渡しできるんですが、急がせてしまうことはしないので、マイペースでやっていただいています」

二人の背後で、施設長がそう説明してくれた。

ここ、「墨田さんさんプラザ」は、一般企業や団体に就職することが困難な障害者の就業の場として、墨田区内に開設された事業所である。十八歳から七十五歳までの六十名ほどが働いている。施設内ではこの日の駿行が行っているような軽作業、菓子やパンの自主生産品の製造販売、その自主生産品の墨田区役所での出張販売などが行われている。

「コロナ禍で販売の規模を縮小しています。でも本吉さんが作るパンは好評《こうひょう》で、よく売れていたんですよ」

施設の一階には菓子とパンの工房と、それらをその場で食べることができる店舗「それいゆＤｅｕｘ」が併設されている。コロナ禍以前は焼きたてが食べられるカフェとして、地域の人々で繁盛《はんじょう》していたという。

駿行は菓子やパンを作るのが好きなようで得意でもあるらしい。菓子はラスクの砂糖を塗る作業の担当をし、パンは職人から直接学んで生地《きじ》を「二度ゴネ」し、手間暇《てまひま》かけてしっかりと焼いているという。駿行は月に三万円ほどをここで稼いでいる。先日はその給与で袖《そで》が草色《くさいろ》で背中に虎《とら》が刺繍《ししゅう》されたスカジャンをどこかで買ってきた。なぜかそれがお気に入りのようで、よくここへも羽織ってきている。

ダウン症の子は長生きしない、という説があった。昭和四十年代頃までの医療水準ではダウン症そのものより、合併症である心疾患や感染症などで幼少時に重篤《じゅうとく》な状態に陥《おちい》ることが多かった。だが現在はダウン症の平均寿命が約六十歳に達している。

駿行は、三十歳になろうとしていた。

正樹と美佐恵は、もう還暦近くなり、他の息子たちは、みな巣立っていった。

双子の長男は、不動産関連企業に勤め、二十六歳で結婚し、三人の子どもがいる。

双子の次男は、特別支援学校の教諭になり、二十九歳で結婚し、二人の子どもがいる。

三男は、スポーツトレーナーになり、二十七歳で結婚し、子どもはいない。

四男で末っ子の駿行も、包装の厚紙を折ったり、菓子やパンを作ったりして働いている。

三人の兄たちとは、むろん稼ぎも違えば、結婚もせず、子を持つこともないかもしれない。

それどころか、駿行自身が、まだ子どものようでもある。

正樹と美佐恵が長男や次男の子（彼らの孫）をたまに家で預かると、不思議なことがおきる。

その孫を美佐恵が胸に抱いている姿を見た駿行が、孫を帰したとたんに甘えてくる。「ぼくだけ、ぼくだけ」と自分だけの時間をねだり、カラオケボックスやゲームセンターで両親を独占する。

三十歳にもなろうとしているのに、まるで焼餅《やきもち》を焼くかのような駿行に、正樹は笑ってしまう。美佐恵も笑ってしまいはするのだが、あの、最後の出産から三十年経っても、いまだに、他の三人のように巣立ってしまうことなく、傍《そば》にいてくれていることに、まだ母としてのしあわせを感じもする。

いま、墨田さんさんプラザへ職場見学に来ても、まるで授業参観にやってきた親を見つけた小学生のようであった。厚紙を折る作業をしながら、ちらちらと両親のほうを見ては、少し照れたような笑顔を向ける。

突然、学校で耳にするようなチャイムが施設内のスピーカーから流された。

それは、午後三時半、駿行たちの作業の終了を告げる合図であった。

この日、掃除当番ではなかったため、駿行は正樹と美佐恵とともに自宅へと帰れることになった。

三人は並んで木陰の歩道を歩いた。

規則的に並んだプラタナスの街路樹が夏風に吹かれ、たくさんの大きな葉が揺れていた。

三人の頭上で葉と葉が擦《す》れあう音がした。

途中、大きな交差点の角にコンビニエンスストアがあり、駿行は店内をちらりと見た。一人のときには、ここへ寄っておにぎりやジュースを買い、食べたり飲んだりしてから帰ることもあるらしい。それを正樹が注意したことがあった。というのは百五十九センチという身長のわりに、体重が七十三キロを超えて生活習慣病が懸念されていたからであった。それでも駿行は隠れて買い喰いをし、だがどこか抜けていて、ポケットにおにぎりの包紙《つつみがみ》を入れたままでズボンを洗濯籠に入れていた。それを美佐恵に見つかると、駿行はごまかすように笑い、「もう、おにぎり、たべない」と、かぶりを振った。

この日は、両親と一緒であるから、コンビニエンスストアへは寄れない。

正樹と美佐恵に挟まれるようにして、スカジャンで汗だくの駿行もぐんぐんと歩いた。

これより六年まえの、駿行が二十四歳のときのことであった。神奈川県相模原市《さがみはらし》の知的障害者福祉施設で殺傷事件が発生した。福祉施設の元職員が刃物を所持して侵入し、入所者十九人を刺殺、二十六人に重軽傷を負わせた。戦後最悪の大量殺人事件は社会に大きな衝撃を与えた。

だがさらに人々を震撼《しんかん》させたのは、死刑が確定した加害者の、その犯行理由であった。

「意思疎通のできない重度の障害者は、不幸かつ社会に不要な存在であるため、重度障害者を安楽死させれば世界平和につながる」

この事件を、テレビのニュースで正樹と美佐恵は知った。

正樹は憤《いきどお》り、美佐恵は涙をこぼした。

「不幸だとか、不要だとか……」

正樹は、テレビ画面に向かい、しかし加害者に反駁《はんばく》するようにいった。

「そんなこと、なぜいえるよ。うちのトシが、不幸でも、不要でも、ないように、殺されてしまった人たちだって、しあわせだったかも、しれないじゃないか。家族にとってのかけがえのない存在だったかも、しれないじゃないか」

日頃は口数が寡《すく》な い正樹は、美佐恵の涙を見ながら、つづけた。

「お兄ちゃんたちには簡単にできてしまうことが、なぜトシにはできないんだろうって、そう思ったこと、あったよな。ボタンがとめられなかったり、靴が履けなかったり、たくさん、たくさん、あったよな。けれど、お兄ちゃんたちには簡単にできてしまうことを、トシは必死に頑張って、やろうとしていたよな。もしかしたら、お兄ちゃんたちの誰よりも、頑張っていたよな」

いま、駿行の職場から、家への帰路を、三人は並んで歩いている。

「なあ、トシ。おとうさんの、こんどの仕事、九州で、レースなんだよ。それに合わせて、三人で、旅行でも、行くか！」

隣を歩いている駿行にいいながら、大声なのは、その隣を歩いている、耳が不自由な美佐恵にも、聞こえてほしいからであった。

二週間後、福岡県福岡市にあるボートレース福岡へ入るまえに、三人で九州を見物しようと、彼は思いついた。

歩きながら、駿行は、うん、うんと頷き、笑顔になった。

それを見た美佐恵も微笑《ほほえ》み、「出費だけど、たまには、いっか」といった。

それだけで会話は終り、三人は黙って歩いた。

しかし、台風六号がやってきて、九州旅行は流れてしまい、正樹は一人、仕事場であるレース場へと向かった。

第四章　レーサーの師匠、ペラを打つ。

「僕は天才なんかじゃないんです。僕程度の成績を残したレーサーなんて、ザラにいますから。僕は、職人のようなもの、ですかね。高校三年生のとき、同級生が大学受験で必死に勉強しているのに、たいした大学には入れないとわかっていたので、競艇場通いをしました。舟券を買っていたわけではなく、競艇選手の操縦技術を盗《ぬす》むように見ていたんです。連日、メモを片手に、江戸川、多摩川《たまがわ》、平和島《へいわじま》へ通いました。競艇選手になって稼《かせ》ぐんだ、そう決めていましたから。競艇選手になってからも、トンテンカン、トンテンカン、ペラ叩《たた》きに一生懸命でした。ですから、僕は、職人のようなもの、ですかね」

一

ボートレーサーには階級がある。

四階級あるうち、弟子の本吉正樹は、下から二階級目の「B1」。

師匠の桑原淳一は、最上級の「A1」。

A1は、全レーサー約千六百名のうち、三百名あまりしかいない。スタートやターンといったボートの操縦技術はもちろん、プロペラやモーターの調整技術も卓越《たくえつ》している。一コースの勝率が五割を超えるボートレースだが、A1の同勝率は八割以上にもなる。そんな最上級レーサーだけが、賞金額も権威も最高峰のSG（スペシャルグレード）競走に出場できる。そして、年間獲得賞金一億円を超えるレーサーが幾人かいる。

B1の本吉正樹にとって、A1の桑原淳一は雲の上の存在であった。いつかは自分もそこに、と努力してはみたものの、生涯かけてもとどきはしないということを、三十代のときにはすでにわかってしまっていた。正樹が自宅を住宅ローンでようやく建てた頃、師匠はといえば、5LDKの自宅に暮らしており、現金一括払いで「ペラ小屋」を建てた。

ペラ小屋とは、プロペラ調整のための作業場である。平成二十四年に廃止《はいし》されるまで、選手持ちプロペラ制度、通称「持ちペラ制」が導入されていた。独自に改良したプロペラをレースで使用できたため、より推進力のあるプロペラ調整にレーサーたちは苦心した。プロペラをハンマーで叩いて二枚ある羽根を曲げ伸ばしするのだが、個人住宅では騒音と鉄粉とで作業がしにくい。そこで資金力のあるレーサーはペラ小屋を建て、思う存分ハンマーを振るうのであった。

B1レーサーの正樹が建てた家には、庭も車庫もない。小ぢんまりした木造家屋が建ちならんでいる木密地域で、隣家との隙間さえわずかしかない。江戸川区内のガソリンスタンドの向かいにある車庫を間借りして作業していたが、師匠がペラ小屋を建てたことで、そこへ通わせてもらえるようになった。

桑原のペラ小屋も、東京の下町、江戸川区にある。そこは桑原が生まれ育った土地であり、なによりボートレース江戸川が近い。もとは八百屋であったらしく、三十坪ほどある角地のために騒音もさほど迷惑にならなかった。念のために店先の開口部を戸板《といた》で閉じてしまった。看板も表札も外されているため、ここが八百屋であったことは外観からはわからない。いまはペラ小屋にしているなどと説明しても、近隣の住民にはなんのことやら理解されないだろう。

表通りではなく、裏路地に面した勝手口から出入りをする。勝手口の扉を開けると、なかは真っ暗で、壁にあるスイッチを入れることで蛍光灯がちらちらと屋内を照らす。一見してここが住居でないことがわかる。部屋として仕切られていた壁はすべて撤去され、柱だけが幾本か立って屋根を支えている。広々とした空間の床は、畳敷《たたみじき》でも板敷《いたじき》でもなく、土間《どま》がセメントで塗《ぬ》りかためられている。

奥の壁際に置かれている木机が、プロペラを叩く作業台になっている。プロペラの直径は十八・七センチしかない。それがモーターに取り付けられて高速回転することで、最高時速約八十キロでボートを推進させる。正樹をはじめとした弟子たち二十名以上に、このペラ小屋を桑原は自由に利用させた。ここで、レーサーたちが、どれだけプロペラを叩いてきたことか。平日も、週末も、祝日も、朝から晩まで、銅製やアルミ製のハンマーの音が絶えなかった。

むろん、桑原も叩いた。レース以外の日は、叩かない日がないほどであった。彼の右の掌《てのひら》や指には、いつも肉刺《まめ》ができていた。それらはボートのハンドルを握るよりも、ハンマーを振りまわしていたことによって生じたものであった。

レースは、水上でなく、机上で、すでにはじまっていた。眩《まばゆ》いレース場で、派手な勝負服に身を包み、観客のまえで水上を疾走する彼らの姿は、レーサーの、ほんの一面でしかない。元は八百屋であったペラ小屋で、内装などいっさい施《ほどこ》されていない、この薄暗い蛍光灯のもと、ジャージ姿やサンダル履きといった普段着で、誰の目にもとまらず、ただ黙々とプロペラを叩いている、そんな姿こそが、レーサーの大半の仕事ぶりであるといえる。

師匠と弟子との出会いは、正樹が二十一歳、桑原が三十一歳の秋であった。本栖研修所を卒業してきたばかりのデビューまえ、新米レーサーの実家へ、日本モーターボート選手会東京支部の先輩レーサーが家庭訪問をするという習慣が以前にはあった。親への挨拶を兼ねてレーサーとしての心得《こころえ》を先輩が後輩に説《と》く。そのときA1レーサーと初めて対面した緊張感を、正樹はいまも忘れずにいる。だが桑原にとって正樹は、大勢いる後輩の一人に過ぎず、弟子との出会いで印象に残っていることなどほとんどなかった。

狭き門を突破し、過酷な研修所生活をくぐりぬけ、どうにかレーサーにはなれたとしてもそれは、はじまりに過ぎない。デビュー後になかなか勝てず、引退勧告されてレーサーではなくなってしまう若者を、桑原は数多く見送ってきた。正樹もその一人になってしまうかもしれず、レーサーとしての生存はあくまでも本人の才能や努力しだいであり、師匠として教えられることなど多くはない、そう桑原は思ってきた。ゆえにまた新たにレーサーとなった正樹の実家を訪問した際にも、なにを話してあげたのかさえ記憶から消えてしまっている。

ただ、正樹の家で、一つだけ、憶えていることがある。

——ああ、俺んちと、似ているな。

それは、正樹の家の家業が町工場を営み、正樹の父が職人であるということであった。

正樹の父は木工細工の職人であったが、桑原の父は飾り細工の職人であった。団扇《うちわ》の柄を作る正樹の父は夏になるまえが繁忙期《はんぼうき》であったが、桑原の父は冬になるまえがそれであった。おもに作っていたのは、クリスマスに子どもたちが買ってもらう、菓子がたくさん詰まったサンタクロースの長靴《ながぐつ》であった。ボール紙で型紙から設計し、型どおりに紙を切りぬき、立体的に組みあげ、きらきらと輝く銀紙を貼って赤いリボンを付けて仕上げる。女性工員たち十名ばかりでなく、近所の主婦たちにも内職を分散し、数えきれないほどのサンタクロースの長靴を父は製作した。菓子を詰める作業は別の業者が担当するため、長靴は空っぽのままで工場から出荷された。幼い桑原は、鋏《はさみ》や糊《のり》を駆使《くし》してつぎからつぎへと長靴を拵《こしら》える、父の繊細《せんさい》な手作業を見て育った。

休みの日には、「競艇場」と当時は呼ばれていたボートレース場へと、父に連れていってもらったことがよくあった。戦前生まれの親は、子どもを遊ばせる術《すべ》など知らず、父の遊びに幼い息子をつきあわせた。レースの予想をしては舟券を買い、レースの結果を見ては勝った負けたをくりかえした。当時は親に連れられてきた子どもたちがレース場でうろちょろし、売店でなにやら買ってもらってはそれを黙って食べている姿がよく見かけられた。桑原もそんな、戦後生まれの子どもの一人であった。

東京都立小岩《こいわ》高校三年生のとき、バスケットボールをしていて足が速く、それに水泳も得意で、その運動神経を活《い》かせる職業に就《つ》けたらと思った。記憶に残っていたのが、幼い頃に父に連れていかれた競艇場であった。

「競艇選手になろうかな」

そう話すと、父は喜色満面《きしょくまんめん》になった。二人姉弟のために飾り職人は父の代で跡絶《とだ》えてしまうことになる。だが彼が高校生の頃にはサンタクロースの長靴が紙製ではなく塩化ビニール製にとってかわられていた。経営もおもわしくなく、高校二年生の春に工場が倒産した。大金を稼げる職業であり、そして大好きであった競艇の世界を息子が目指してくれることを、父は喜んでくれた。

千五百名以上もの応募者から、わずか二十四名だけが選抜されるという難関の研修所入所試験を一発で彼は合格した。本栖湖での実地試験で初めてボートを操縦するとき、モーターは教官が始動してくれるが、操作方法はほとんど教わらないままにいきなり湖面へと出される。転覆する者や、陸へ乗りあげてしまう者もいたなかで、桑原は発進や停止はもちろん、蛇行《だこう》運転までも見事にこなし、「ぜったいに受かる」と確信した。

圧巻は研修所を卒業してまもなくのデビュー戦であった。東京都府中市《ふちゅうし》のボートレース多摩川で、いきなり勝利した。しかもそのデビュー節、一着を一回のみならず、二着も三回獲得した。競艇場から自宅へと帰る際、賞金を現金で受けとると封筒に三十六万円入っていた。わずか五日間で稼いだ当時の金額は、父の工場の収益の数カ月分であった。父が歓喜してくれたのはいうまでもない。これより十二年後にデビューする正樹の、六着ばかりで最後には転覆までした散々なデビュー節と比べれば、いかに桑原が傑出《けっしゅつ》したレーサーであったかわかる。将来A1に上りつめた師匠と、B1に甘んじている弟子とでは、劃然《かくぜん》たる差がデビュー時点でついてしまっているのであった。

二

桑原淳一が建てたペラ小屋には、多いときで二十三名ものレーサーが集結した。

このペラ小屋集団に名を付けようということになった。

「TMR技術研究会」。

「TMR」は「東京モーターレーサーズ」の略である。「技術研究会」というだけあり、それぞれがプロペラを持ちよっては、熱したり、叩いたり、削ったり、磨いたりと熱心に研究した。また各ボートレース場の特徴に合わせたプロペラの形状を情報交換して共有する場にもなった。桑原はそこに、機材ばかりではなく、メンバーが技術論をじっくりと語りあえるように革のソファや、メンバーがいつどこでレースをするのかを記すホワイトボードや、そこにいないメンバーのレースを観戦するためのテレビをも設置した。ときにはレースから離れ、花見、納涼、忘年会も催《もよお》した。

その初代会長はむろん桑原であった。とはいえ師匠として弟子たちに自分の調整方法を押しつけるようなことはしなかった。誰かに無理矢理やらされるより、誰かを見様見真似《みようみまね》で修得するほうが上達は早い。それは細工職人である父の仕事ぶりから、しぜんと学んだ人材育成法であった。ひたすらに模倣《もほう》をくりかえすことによって、いつしか独自の方法が見つかる。二代目会長を継いだ弟子の本吉正樹にしても、このペラ小屋でハンマーを振るうたび、木工細工職人である父のように、自分だけにしか作れない独特のプロペラを完成させられるようになっていった。

桑原自身も、必死にプロペラを叩いた。それは弟子の正樹が真似をしようにもしきれないほどの情熱であった。正樹がペラ小屋へ来ると、すでに外の道路にまで師匠独特の重たい銅製のハンマーの律音《りつおん》がひびいていることが多々あった。

ボートレース江戸川の「エースレーサー」として、桑原は全国に名を馳《は》せる存在になった。ある記念レースでは桑原のプロペラが他とはまるで異なる形状をしていると噂《うわさ》になり、ライバルレーサーが見物に来るほどであった。企業秘密とばかりにプロペラを隠すレーサーもいたが、構うことなく桑原はそれを見せた。なぜなら弟子たちとともに長年かけて研究してきたそれが即座に誰かに真似できるはずもなく、独特のプロペラは彼にとってＴＭＲ技術研究会の誇りであった。そしてＳＧ準優勝三回、記念優勝六回、地元江戸川での十勝を含む通算優勝五十二回という彼の戦績は、ＴＭＲ技術研究会の弟子たちにとっての誇りとなった。

レーサーの人生そのものも、また一つのレースだとするのなら、スタートがあれば、ゴールもある。

やがて、桑原はなかなか勝てなくなった。二十年以上続いた「持ちペラ制」の廃止が痛手《いたで》であった。レース以外の時間にペラ小屋で、プロペラと向きあう時間が多ければ多いほど、すなわち努力すればするほど、勝利に近づける実感があった。廃止後はレース開催時にモーター一つにつきプロペラ一つが配備され、それをレースで使用する規則となった。プロペラの大がかりな加工ができなくなっただけでなく、レース場の外から独自に調整した「持ちペラ」を持ちこめなくなった。

ときを同じくし、五十代になったことで加齢による体力的な衰退も顕著になった。また若手がつぎつぎと台頭し、新世代によるボートの操縦技法は、彼のそれとは根本的に異なる革新的なものであった。ボート上に座したまま旋回するのではなく、立ちあがって艇を蹴《け》るようにして旋回する、いわゆる「モンキーターン」である。古くからそれをしているレーサーもいたが、危険視されて広まらなかった時期が長らくあった。ところがその旋回技法が有利とされて主流になると、やがてはボートレーサー養成所でも教えられるまでになった。ゆえにデビュー時からその方法しか知らないというレーサーも続々と誕生した。高速旋回が可能なそれを桑原も試してはみた。だが馴《な》れとは恐ろしいもので、新世代のように軽やかにボート上に立つことがどうしてもできないのであった。

「A1」を長らく維持していたが、五十代になって「A2」に、さらには「B1」にまで階級を下落させた。もはやSGレースや記念レースへの乗艇は、すっかり過去になってしまった。優勝からも七年以上遠ざかり、七点台に近かった勝率も一時三点台にまで下がった。

桑原の父の仕事にも、サンタクロースのブーツが塩化ビニール製になってゴールがやってきた。時代の波は、否応《いやおう》なく職人をのみこんでゆく。職人のようなレーサーである桑原も、ゴールのときを覚《さと》った。彼の妻の幸子《さちこ》が腎炎《じんえん》を患い、レースで長らく自宅を留守にするのが気がかりでもあった。だが妻のせいではなかった。それは一つの要因に過ぎず、持ちペラ制の頃のような、仕事への情熱が冷めてしまっているのが、なによりも勝てない要因であることに気付いていた。

勝てないレースは、賞金が稼げないこと以上に、困ることがあった。

――このまま走っていても、つまらないな……。

五十七歳、引退勧告されてしまうほど成績が悪化しているわけでもない。だがレーサーにとって、レースがつまらないことほど、苦しいことはなかった。

持ちペラ制の終焉《しゅうえん》により、ペラ小屋もまた、役割を終えた。最盛期には二十三名も集ったTMR技術研究会だが、もはや彼らが一堂にここへ会することなどなくなり、会は解散した。ときおり弟子の正樹がやってきて、いつしか彼が師匠となり、その弟子の女子レーサーに、レース場でのプロペラの叩きかたを指導するために利用されるぐらいのものであった。

誰もいないペラ小屋は、静かであった。

桑原もまた、ここを訪れることがある。

壁には大きなホワイトボードがかけられたままである。そこには予定表の枠が引かれたままではあったが、レーサー名も、日付も、レース場も、すっかり消されていた。使用されなくなってからずいぶんと経過しており、ホワイトボードは白くはなく黄ばんでいた。ホワイトボードとは反対側の壁際には機材が並んでいた。ガスバーナー、電動糸ノコギリ、電動グラインダー。まるで町工場のような充実ぶりであったが、それらは埃《ほこり》をかぶっていた。ソファに深く腰掛けると、ここで技術論をみなで交わしたことがありありと思いだされた。メンバーのレースを観戦した、厚みがあるブラウン管の古びたテレビは、もはや映るのかさえわからなかった。

ペラ小屋で、桑原は、プロペラではなく、ゴルフボールを叩く。

ゴルフクラブでの打球音が響くが、プロペラ調整のときの、銅やアルミのハンマーを、みなで叩いたときと比べれば、小さく、短く、そして、寂しい音であった。

ゴルフという新たな遊びに熱心になった彼は、ハンマーをクラブに持ちかえた。

このペラ小屋も、一つのゴールらしかった。

「今日で、引退するわ」

兵庫県尼崎市《あまがさきし》のボートレース尼崎での一般戦を終え、レース場から出てきたばかりの彼は携帯電話でそう告げた。電話の相手は、彼の息子である、桑原将光《まさみつ》であった。

その一般戦「日本財団会長杯争奪『尼崎の匠《たくみ》』決定戦」での彼の走りは、鬼気迫《ききせま》るものがあった。予選六日間のうち七レースで三着以内と連《れん》に絡《から》みつづけ、最終日には優勝戦に乗艇、すなわち「優出」を果たした。

引退を決意したレースであったにもかかわらず、いや、引退を決意したレースであったからこその、久しぶりに会心《かいしん》のレースができた。思いのこすことは、もう、なにも、ないはずであった。

三

桑原淳一には、本吉正樹の他にも、大切な弟子がいた。

「ボートレーサーになろうかな」

彼の長男である将光が、高校三年生になると、養成所の入所試験を受けたいといいだした。

「やめとけ、やめとけ」

桑原は、即座に、かぶりを振った。

東京都立城東《じようとう》高校という進学校へ通っており、頭脳明晰《ずのうめいせき》な息子であった。父の跡を継ぐようにしてレーサーにならずとも、将来の選択肢は多いように思えた。息子には、自分のレースをいちども観せたことがなかった。勝ったところも、敗れたところも。

息子の名は、ボートではなくオートレーサーで、GIレース優勝回数史上最多の二十八回を誇る「ミスターオート」飯塚将光《いいづかまさみつ》からもらった。だがボートにせよ、オートにせよ、父は息子にレーサーになってほしいと思ったことはいちどもなかった。

息子の幼稚園の体育の先生がボートレース好きで、桑原を応援してくれている熱心なファンらしかった。その先生から伝えきいて父がどのようにして生計を立てているのかを息子は幼いときから知っているようであった。また中学生になると『モンキーターン』というボートレースを舞台とした人気漫画の連載を週刊漫画誌で読むようになった。そこに桑原をモデルとした選手が勝利したと描かれていた。レースを終えてレース場から約一週間ぶりに帰宅すると、待ちかまえたように戯《たわむ》れてくるほどの「パパっ子」でもあった。もしかすると心のどこかで、大好きな父の職業を誇らしく思っていたのかもしれなかった。

レーサーを志した息子の将光は、高校在学中の一度目の受験では、一次試験の視力検査で失格となった。進路指導で大学を受験するように諭《さと》され、夏からの受験勉強で大学に合格して約二カ月だけ通いはした。だがそこを休学してでも二度目を受験して養成所へ行きたいと、息子の意志は固かった。もしレーサーになれたなら大学の受験料や入学費が無駄になってしまうのだが、はたして将光は二度目の受験で見事合格し、養成所も無事に卒業してレーサーになってしまった。

デビューすると、同業者となった将光のレースが父の桑原は気になった。自らが建てたペラ小屋で、プロペラの伸ばしかたや叩きかたを一から見せた。師匠と弟子という関係というよりも、父と息子のまま、自宅で一時間でも二時間でもレースの話ばかりしていた。

父と、息子の、レーサーとしての違いが、いくつかあった。

息子も二節目で初勝利し、まもなく「A2」にも昇格し、弟子の本吉正樹が若かった頃よりもすんなりと活躍しだした。のちに優出は四十六回、優勝も六回果たす。もしエースレーサーの父と比べられることがなければ、それは立派な成績といえた。だがいくらプロペラの調整やボートの操縦について技能を見せてみたところで、師匠から弟子へ伝授《でんじゅ》しきれないものが確実にあった。

それは、天性の器用さと、そして、ボートへの情熱であった。

同じ弟子として育てても、本吉正樹と息子将光との比較は無意味で、それを桑原は口にしたことなどなかった。だが自分と正樹には、プロペラを加工する器用さがあった。バーナーで熱してからハンマーで叩いて伸ばす作業を、どれだけやって見せても、息子の将光は上手《うま》くはならなかった。重たい銅製のハンマーも使いこなせず、軽いアルミ製のハンマーで叩くことばかりしていた。軽いハンマーだと叩く回数が増えてしまい、プロペラの羽根を均一に伸ばしにくい。均一でないとその後にグラインダーで削って平らにしなければならないため、プロペラの最低重量を下回ってしまって使い物にならなくなってしまうことがある。桑原と正樹は、紙細工と木工細工の違いこそあれ、ともに職人の子として育った。幼い頃から父の繊細な手作業を間近に見てきた。将光はといえば、レーサーの子であり、育った環境がまるで違う。

それに、ボートへの情熱も、弟子の正樹と息子の将光とではまるで異なるようであった。正樹は低賃金で過酷なブリキの印刷工場から脱出させてくれたボートレースに必死であった。妻が聴力を失い、息子がダウン症を患ったことも、それら家族を背負って稼がなければと真剣であった。将光にも、必死さはあったし、真剣さもあった。だが熱量が違うのである。たとえば、「持ちペラ制度」の後期、プロペラの加工を一枚三万円ほどで受注する専門業者が出現した。桑原も正樹も、自分のプロペラを他人に任せられるか、とばかりに、業者を毛嫌《けぎら》いしてハンマーを手放さなかった。ところが将光はといえば、自分で叩くよりも業者のもので勝てるなら、それでいいではないかと割りきっていた。十枚の新品のプロペラを外注に出し、たとえ一枚しか使い物にならないとしても、その一枚で勝利したことがあった。正樹がプロペラ叩きを熱心に教えようとすればするほど、将光とは反《そ》りが合わなくなっていった。そもそも将光が幼い頃から、春は花見、夏は納涼、冬は忘年会と、正樹は年じゅう師匠の桑原家に出入りしていた。将光からすると正樹は、まるで「親戚のおじちゃん」のようであった。それが同じレーサーになるや否や、ぐいぐいとものを教えようと迫《せま》ってくるのがたまらなく嫌であった。いつしか正樹もそれに気付き、二人はあまり会話を交わさなくなってしまった。

桑原は五十七歳のとき、大きな決断をした。

レースはまだ勝てるときもありそうではあったが、突然に引退を決意した。

「今日で、引退するわ」

電話で息子の将光に伝えた。

思いのこすことなど、なにもなかった。記念レースで優勝もし、一流レーサーの仲間入りができた。正樹や将光をはじめ、多くの弟子たちを育てもした。そして、息子の将光とは、同じレースで、「父子対決」を四度もし、そのうち三度勝利していた。

息子はどこまでも「パパっ子」らしかった。というのも父が五十一歳、息子が二十三歳のときに初めて地元江戸川で対戦した「第三十回大江戸賞」三日目第七レース。一号艇でスタートを見事に決めた息子が、第一ターンマークで先頭に立った。四号艇の父は二番手で、追走する六号艇の三番手に肉薄されていた。その父の様子を心配するかのように、先頭の息子は幾度も振りかえって後方を確かめていた。そんな一瞬の隙に、第二ターンマークで、気優しい息子を父は容赦《ようしゃ》なく抜きさった。勝利と、「父超え」を逃したばかりか、息子は三番手の選手にまで抜かれて三着であった。父に花を持たせてくれたのかもしれない、そんな思い出の勝利も、ボートレースで「父子鷹《おやこだか》」になれたからこその勲章《くんしょう》に思え、息子にも感謝した。

「やめるなよ」

引退を告げた電話口で、息子がいった。

いつでも、息子は、「タメ口《ぐち》」であった。年配の、しかも師匠に、職場でそんな言葉遣《づか》いをしている若手レーサーの違和感に吃驚《きょうたん》している他のレーサーがいたこともあった。だが、父はそれを許したし、息子は許されるまま、レース場でも言葉遣いを改めたりはしなかった。それは、二人が互いに、師弟であるまえに、父子であろうとする、目には見えない、つながりを確かめあう、そんな行為なのかもしれなかった。

「やめるなよ。江戸川で、まだ仕事が残っているじゃない。せめて、地元で、あと一勝してからやめたって、遅くないでしょ」

まるで、懇願《こんがん》するかのように、息子が、必死に、説得してくれた。

あと一勝——。

そこまでの、桑原の、ボートレース江戸川での通算勝利数は、百九十九。

地元での二百勝は、ボートレーサーなら、誰もが夢見るような、果てしのない記録である。

父は、やめるのを、やめた。

ただし、ほんの、二週間だけ。

つぎに予定されていた斡旋《あっせん》は、地元ボートレース江戸川での「第十二回ＪＬＣ杯」であった。その五日目の第一レース、彼は地元での二百勝を達成してみせた。二号艇に乗って一周目第一ターンマークで一号艇を外から抜きさると、若い頃から得意とした戦法「まくり」を決めたのである。さらに最終日六日目、現役最後の日は、二回乗りであった。引退の決意を伝えきいたボートレース江戸川の主催者は、長年地元を沸《わ》かせてきたエースレーサーに粋《いき》な計《はか》らいを見せた。彼が走る第三レースのレース名は、前日の快挙を讃《たた》える「おめでとう桑原選手江戸川二百勝」であった。そのレース、一号艇に乗った彼はイン戦をしっかり逃げきり、江戸川二百一勝目、通算千六百五十四勝目を挙げた。第八レースの最後のレース名は、「ありがとう桑原選手引退記念」であった。四号艇でトップタイスタートを決めるも、外からの「まくり」

が決まらずに五着。それが、桑原の、レース人生の、ゴールであった。

ゴール後、第九レースの舟券発売中に、レーサー仲間たちに江戸川（中川）の水中に落とされ、冷たい水でずぶ濡れになり、ホームプールに別れの挨拶をした。

その水神祭、息子の将光は、埼玉県戸田《とだ》市《し》のボートレース戸田での競走前検日のため、そこにはいなかった。

水神祭後に、思い出のレースを記者から訊かれた桑原は、これより一年まえに、このボートレース江戸川での、「第三十四回大江戸賞」最終日第九レースを挙げた。息子の将光との、一着二着、「父子ワンツー」を飾れたレースであった。

そのときの、真夏の川面で、先頭を走る青い勝負服の父と、それを追いかける黒い勝負服の息子の写真がある。

それは、いまも、誰もいない、彼のペラ小屋に、飾られている。

息子の将光にも、息子ができた。

高校時代からつきあっていた同級生と二十三歳で結婚し、男児一人、女児二人の、三人の子を授かった。

引退した桑原は祖父になり、現役の将光は父になった。

レーサーであった祖父の桑原も、レーサーである父の将光も、しかし、三人の幼子《おさなご》たちに、レースの話はしなかった。レーサーになれともいわなかった。

ところが、将光の長男が小学三年生になると、なにを思ったものか、ポツリといった。

「ボートレーサーになろうかな」

父の将光は即座に、かぶりを振った。

「やめとけ、やめとけ」

ふと、思いだした。

自分も、同じように、レーサーである父に、レーサーになろうかな、そう相談したときのことを。

やはり、即座に、かぶりを振られた。

「やめとけ、やめとけ」

第五章

レーサーの弟子、水面に浮く。

「毎日泣いていました。泣いてばかりいて、人間って、こんなに涙が出るんだって思ったくらい。もう終ったな、もう帰らされちゃうなって。結果に怯《おび》えて追いつめられて、『あのときのヒロナちゃんはおかしかったよ』って同期のレーサーにいまでもいわれますもん。結果ばかりを求められて、競争ばかりの毎日だと、おかしくなっちゃうんです。普通の精神ではいられなくなっちゃうんです。でも、いまではわかります。そんな競争をさせられて、生き残った者でなければ、レーサーという職業は、つづけられないなって。ボートレースって、それくらい、過酷なものだと思いますから」

一

中澤宏奈《なかざわひろな》は、水に縁《えん》がある。

父幹雄《みきお》が東京都江東区《こうとうく》で経営する株式会社ナカザワは、スイミングに関連する用品や用具をおもに販売する会社であった。競泳プールに浮かんでいるレーシングレーン、練習用具のビート板、プールサイドの監視台などの品揃《しなぞろ》えは日本屈指のメーカーである。学校の授業やクラブ活動でプールに入ったことがある者なら、誰もがその商品を見たり触れたりしたことがある。

そんな商売にもかかわらず、父は金槌《かなづち》であった。プールで優雅《ゆうが》に泳ぐという夢を、一人娘の宏奈は託された。すでに保育園児のときには水のなかで泳いでいた記憶が彼女にはある。小学校低学年からスイミングスクールへ通った。高学年になるとそのスクールは閉鎖されてしまったが、夏休みに小学校のプールで泳ぐと区の代表に選抜されて大会に出場した。

水のなかにいるのも、泳ぐのも好きであった。地元の公立中学校には水泳部がなく、本格的に競泳がしたくて強豪水泳部がある私立昭和学院《しょうわがくいん》中学校を受験して合格した。千葉県市川市《いちかわし》まで電車で通い、午後は毎日プールで泳いだ。全国大会にも出場し、高校もそのまま同校の高等部の水泳部で活躍した。

十八歳になり、彼女は陸《おか》に上がった。競泳をやめたのである。高校までは腕や脚や、指先に至るまで動かしかたを工夫し、目標記録に挑んできた。大学では工学部に入り、勉学と実験とのくりかえしになった。目標と呼べるものはなにもなくなり、競泳のような夢中になれるなにかを、大学へ通いながら見つけられればと思っていた。

キャンパスライフを四年間楽しもうと気楽に考えていたが、楽しいことなど見つけられなかった。デジタル化が加速するにつれて将来性ある学科だからと選択した情報エレクトロニクス学科では、パソコンのプログラミング知識が必須であった。これまで多くの時間を水中で過ごしていた彼女には、キーボードに触れる機会さえほとんどなかった。はやくも一年生の夏には誤った進学に気付いて後悔した。

ふたたび、水へと吸いよせられるように、新たな目標を見つけた。

「ボートレースを観にいってみないか」

ボートレースファンの父に誘われ、ボートレース江戸川を訪れた。中学生のときにも父に連れられてレースを観戦したことが幾度かあった。モーターの爆音と、水面を滑空するように走るボートの迫力に感動した。それは大学生になっても変わりなく、父が買ってくれた指定席の硝子《がらす》窓越しにレースを見つめた。父は舟券を買っては損得を楽しんでいたが、彼女はターンマーク付近で激しくぶつかりあうレーサーたちに見入った。そこには、退屈に感じていた大学生活とは対蹠《たいしょてき》的な、溜息《ためいき》を払拭《ふっしょく》してくれるような昂奮《こうふん》があった。

《第103期　ボートレーサー募集！》

父が手にしていた出走表の片隅に、そんな文字を見つけた。彼女がボートレースに惹《ひ》かれた理由の一つには、男性レーサーに交じって女性レーサーが活躍していたこともあった。「男の世界」といった印象が公営競技にはある。たとえば中央競馬は百三十八名の騎手のなかに割合にして〇・七パーセントしか女性はいない。競輪でも二・八パーセント、オートレースでも四・〇パーセントと女性の割合は極めて低い。ところがボートレースは、全千五百九十八名中、二百十八名、十三・六パーセントもの女性レーサーがいる。しかもその歴史は古く、幕開けとなった昭和二十七年、史上初のボートレースが開催された約一カ月後には則次千恵子《のりつぐちえこ》が登録され、女性レーサー第一号となっている。その翌年の「第一回全日本選手権競走」には則次をはじめ三名もの女性レーサーが日本一を決める大会に出場してもいる。一時女性不在の時期があったものの、現在では男女分け隔てなく混合で競う一般戦はもちろん、「レディースチャンピオン」「クイーンズクライマックス」といった女性レーサーの頂点を決するレースも人気を博している。

「受験、してみようかな」

興味本位で彼女がそういうと、「やってみたらいい」と父は背中を押してくれた。

最初の受験では一次で不合格となった。勉強も体力作りもしてこなかった準備不足もあったが、それよりも自分が受験したこと自体が場違いに思えた。というのも、周囲の受験生はみなジャージ姿で靴はスニーカー、髪は黒髪を後ろに束ねるかショートカットがほとんどであった。彼女はといえば、スキニーのデニムに靴はハイヒール、髪は明るい茶色に染めたロングを巻き髪にしていた。ヒールで床を鳴らして歩いていると、真剣な受験生たちの視線が痛かった。

もういちどだけ、二年後の二十歳のとき、受験してみようと思った。当時は二十歳までという年齢制限が設けられていたため、「ラストチャンスにかけてみよう」と本気になって準備をした。

競泳をやめてから、初めてできた目標であった。むろん合格したかったが、目標へと向かって一生懸命になれていること、その過程に充実感があった。学科試験のために勉強をし、久しぶりにプールで泳いで体力をつけた。そして当日の格好は、ジャージ姿にスニーカー、胸まで伸ばしていた茶髪はばっさり切って覚悟を決めていた。

一次試験に合格し、約千二百名から約百名に絞られた。これだけでも約十二倍という難関を突破したわけであるが、二次試験はさらに半分ほどが篩《ふるい》にかけられる。試験会場となる福岡県柳川市《やながわし》にある養成所へと彼女たちは連れてゆかれた。

スロットルレバーやハンドル操作など簡単な説明を受けただけで、いきなり二人乗りボートに乗せられた。後部座席には指導係の現役レーサーが乗艇し、彼女は前部座席で操縦を任された。水面に浮かんだブイを搔《か》いくぐるようにして蛇行し、コースを一周して戻ってくるように指示された。レバーやハンドルを握ることはもちろん、ボートで水面に浮かぶことさえ初体験で困惑した。それでもレバーを握りしめるしかなく、爆音とともにボートが動きだした。

自動車の運転免許証は取得していたため、ハンドル操作に慣れてはいた。黒い円形のハンドルは、自動車のそれに形状だけはよく似ていた。だがボートは自動車と違い、ハンドルでタイヤを動かすのではない。ボートでタイヤの役割を果たすとすればそれは進行方向を決める舵《かじ》であるが、モーターボートに舵はない。ハンドルで動かすのは、モーターそのものであった。二本のワイヤーが約四十キロもの重量があるモーターの両側からハンドルに巻きつけられている。しかも左手でスロットルレバーを握っているため、ハンドルは右手だけで操作しなければならない。自動車のようにパワーステアリングの機能もなく、モーターボートのハンドルは彼女にとってかなり重く感じられた。さらにハンドルは自動車のように自然と戻るような動きをしてくれない。左へ切ったら真っすぐに戻すには、切ったぶんだけ右へと切りなおさなければならない。

また、スロットルレバーも、自動車のアクセルペダルとは構造が異なる。まず足ではなく、利き手とは逆の左手で操作する。レバーを握りこむことでモーターの出力を上げ下げするのだが、モーターボートにブレーキはない。速度を落としたり、停止したりするには、スロットルレバーを離してモーターの出力を落とし、水の抵抗に任せるしかない。自らの意思ですぐに停まることができないという仕組みは、少なからずレバーを握ることに不安を覚えた。

最初の周回で、ブイを掻いくぐるようにして蛇行運転することが宏奈にはできなかった。だが二周目になると、いくつかのブイを避けられた。それでも二次試験に合格したという確信はまるで持てなかった。

面談や身体検査を終え、彼女に手渡されたのは合格通知であった。すぐに実家へ電話をしてそれを告げると、父は喜んでくれたし、自身も嬉しかった。もしかするといきなりの乗艇試験は、対応力を見られていたのかもしれないと彼女は思った。一周目では上手くできなくても、二周目で、どうか。ともかくも、合格者五十余名、すなわち約二十四倍もの熾烈な競争に、彼女は勝利した。それは、競泳をやめてしまってから、久しぶりに味わった達成感であった。

けれども、レーサーになるための競争は、新たなる過酷な競争の、たんなるスタートに過ぎなかった。

二泊三日で試験を受けた養成所は、試験会場という以上の役割があった。彼女はこれより約一年間、ここに寄宿し、ボートレーサーとして、文字どおり「養成」され、毎日のように競争に敗れ、毎日のように涙することになる。

二

スタートしてしまえば、ゴールするまで、競争はつづく。

中澤宏奈は苦悩した。

養成所では、徹底的に生活が管理された。朝六時の起床から、点呼、清掃、朝食、訓練、昼食、訓練、夕食、入浴、清掃と、夜十時の消灯まで、すべて時間が定められていた。着衣も揃いの黒いジャージか白い作業服。頭髪も男子は坊主頭、女子はショートカット。時間も、着衣も、頭髪も、自由は許されなかった。携帯電話などの通信機器は持ちこみ禁止で、定期的に身体検査が実施された。所内にある公衆電話が使用できるものの土曜日と日曜日のみ。それもわずか三分間に限られた。

「刑務所」。

卒業したボートレーサーたちから、ここはそう揶揄《やゆ》される。言動、持ち物、そして体重に至るまで、すべてに規則があった。それらを遵守《じゅんしゅ》できなければ、結果は至って単純明快で、ここを退所させられるだけであった。刑務所と異なるのは、ここはいつでも出ていける。だがそれは、レーサーを諦めることを意味する。

目標を失い、楽しいことがなかった女子大学生時代を経験した宏奈にとって、レーサーになることを諦めてしまうわけにはいかなかった。それに養成所での管理は、それはそのままプロのボートレーサーになったのちにかならずや求められることばかりであった。ひとたびデビューを果たせば、様々な注意を養成所がしてはくれない。すべてを自己管理しなければ、レーサーとして生計を立ててゆくことができない。ゆえにここでの管理に不服などなく、黙って従うことはできた。だが彼女は、ここで毎日のように泣き暮らした。それは、熾烈《しれつ》な競争が連日行われ、必死で篩《ふるい》にしがみついていなければならない精神的な限界による。

入所後すぐ、二人乗りボートで教官の操縦によって水面に慣れることから訓練は開始された。

やがて一人で操縦を任され、四カ月目からは複数の艇での待機行動、スタート、ターンマークの旋回といった実際のレースに近い訓練になった。また操縦のみならず、モーターの分解、組立、装着、脱着などの基礎整備、それらを座学で暗記する学科もあった。

ボートの操縦も、機械の整備や学科も、宏奈は得意とはいえなかった。しかも整備はモーターのみならず、プロペラをハンマーで叩いて調整することも覚えなければならなかった。水上でも、地上でも、求められる技術が高度になってくるに従い、自分などがここを無事に卒業してプロのレーサーになれるのか、不安は募るばかりであった。

六カ月目には進級試験が行われた。操縦、整備、学科のうち、いずれか一科目でも不合格があれば、その時点で養成所を強制的に退所させられる。

——もう終ったな、もう帰らされちゃうな。

心のなかで宏奈は、同じ言葉をどれだけ呟《つぶや》いたかわからなかった。

それでも進級試験にはどうにか合格し、失格となった訓練生の背を見送った。だがそれで安泰というわけにはいかず、最後の四カ月間にさらなる苦悩が待っていた。

八カ月目からは「リーグ戦」というレースが開始された。それは実際のボートレース同様の形式で、六艇によって一着から六着までを決する勝負であった。毎レース、彼女は勝てなかった。レース結果は集計され、連日全訓練生の順位が発表された。彼女の順位はいつでも下位で、自分がなぜ勝てないのか、その理由さえ見つけることができなかった。消灯後、ベッドで泣いていても、涙を止められるのは、勝つことしかないと、自分がいちばんよくわかってはいる。なのに、翌日も勝てずにまた泣いた。

リーグ戦の成績が振るわなければ強制退所となる。強制退所となった訓練生は、来年以降の一次試験も受けられなくなる。だがこのリーグ戦を自ら辞退して自主退所すれば、強制退所ではないために来年以降また一次試験から受けることはできる。むろん、このリーグ戦で成績を残せば、養成所で生き残れる。

勝って生き残るか。

敗れてレーサーを諦めるか。

勝つのも敗れるのもやめ、また一から出直すか。

すなわち、最後のレースに出走するかしないか、彼女は選択を迫られた。

決断をまえに、公衆電話の受話器を彼女は握った。

ここでの公衆電話の利用規則により、話せるのは、三分間のみ。

東京の父に口早に状況を説明したが、みるみる時間がなくなっていった。

「そのレース、私は走る！」

電話で父に告げながら、自分自身に答えを出した。

「走ってみて、もし、駄目だったら、もう、一生、レーサーになることはできない。だけど、私は走る！」

受話器を握りしめながら、彼女は泣いていた。

すると、泣き声を聞いた父からの、大きな声が耳を衝《つ》いた。

「ヒロナ、頑張れ！　もし、レーサーになれなかったら、おまえの一人ぐらい、俺がずっと、面倒みてやるから、だから、ヒロナ、頑張れ！」

そこで電話は切れてしまい、不通の信号音だけが聞こえた。

――そんなん、やだよ、親に、ずっと面倒みてもらうなんて、そんなん、やだよ……。

電話をしながらも泣いていたが、電話を切って父の声を思いだしながらのほうが、余計に涙が溢れてしかたなかった。

部屋へ戻って泣いていると、同期の訓練生たちが、つぎつぎとやってきては声をかけてくれた。操作のコツを教えてくれる訓練生がいた。競走相手となる他の五名の走行時のクセを教えてくれる訓練生もいた。そして、「大丈夫だから」とだけいって、くりかえし励ましてくれる訓練生もいた。同じ篩にかけられている最中であるにもかかわらず、幾人もの訓練生が手を差しのべてくれた。

最後の競走で、彼女は、勝った。

どんなレース展開であったのか、まったく記憶にない。死に物狂いであった。

そして、勝ち残った者がいるということは、敗れ去った者がいるということでもあった。

篩から落ちた訓練生を、彼女は黙って見送った。自分が勝たなければ、自分が敗れるほかなく、敗者を憐《あわ》れむことなど、勝者にできるはずなかった。

それが、競走という、彼女が望んだ、極めて残酷な、夢の世界であった。

操縦、九百五十時間。

整備、五百五十時間。

学科、二百八十時間。

その他、百四十時間。

競争に明け暮れた、一年間の養成所での日々を、宏奈は卒《お》えた。

卒業したレーサーには、一人ひとり、登録番号が付与される。

「登番《とうばん》」とも略されるそれは、全ボートレーサーにある。レース出走のためにボートレース場に滞在している間、原則として着用する衣類すべてについてこの「登番」を記載する義務がある。また宿舎内の売店での買い物の際にも、伝票に「登番」を記載する。人間に番号が付されて数字で呼ばれるのは刑務所くらいのものであろう。だが「刑務所」と称される養成所では、所内の訓練生にではなく、無事に卒業した者にだけ、その栄誉ある数字が与えられる。

たとえば、現役最年長の七十六歳の高塚清一《たかつかせいいち》は、二十期で「２０１４」。

本吉正樹の師匠の桑原淳一は、三十九期で「２７６３」。

本吉正樹は、六十一期で「３３１３」。

そして、中澤宏奈は、百五期で「４５６９」。

「４５６９」――。

この新たな「登番」とともに、レーサーとしてのスタートを、彼女は切る。

そして、敗れ、敗れ、また敗れながら、ときに勝つ、ボートレースという名の競争を、その後長らく、職業として、彼女はつづけてゆく。

三

いつしか弟子も師匠になる。

レースがない日の午後、本吉正樹の携帯電話が鳴った。

表示を見ると、見知らぬ電話番号からであった。

「はじめまして、ナカザワヒロナと申します」

それは、養成所を卒業したばかりで、こんどプロデビューする同じ東京支部江戸川ブロックの後輩女子レーサーからの挨拶であった。

正樹のデビューまえには、自宅の両親のもとへ先輩の桑原淳一が挨拶をしに来てくれた。だが師匠が弟子を預かり受けるような教育制度はやがて廃止された。弟子を支え、師匠を頼る上下のつながりは古風なものとされ、ボートレース界も個人主義が主流となりつつあるようであった。

「ペラを叩きにおいでよ」

中澤宏奈からの電話で、正樹はそう誘った。

想起したのは自分のデビュー直後のぶざまさであった。養成所の成績は最低なもので、教官たちから将来を心配された。ボートレース平和島でのデビュー節は、六着、六着、六着、六着、最後は転覆までした。地元ボートレース江戸川でも惨敗しつづける彼を見かね、師匠の桑原がペラの叩きかたを教えてくれた。それによってようやく初勝利の水神祭を迎えることができた。きけば宏奈の養成所での劣等生ぶりは、自分と酷似《こくじ》しているように思えた。自宅が近所であったこともあり、正樹は車で彼女を拾い、師匠の桑原が建てたペラ小屋へと連れていった。

「持ちペラ制」は開始から二十年以上が経過し、プロペラの調整は複雑を極めていた。ただ叩いて角度を変えるだけにとどまらず、ガスバーナーで加熱して薄く広く伸ばして表面積を増やす。そこから形状や角度をグラインダーやハンマーで整える。はては、それら作業を高額で請負う専門業者まで出現した。レーサーの操縦技能やモーターの出力性能といったボートレース本来の予想要素以上に、観客にはわかりづらいプロペラの調整しだいで勝敗が大きく左右されるようになってしまっていた。それにより宏奈のデビュー二年後には「持ちペラ制」は廃止され、プロペラはレース場からモーターとともに貸与されることとなる。だが宏奈のデビュー時期は、まさに「持ちペラ制」最盛期で、その技術か、もしくは資金力が、レーサーには欠かせないものとなっていた。

正樹に電話で挨拶をした宏奈には、技術も、資金力も、むろんなかった。この頃の新人は正樹の若い頃以上に、いきなり活躍することが困難となっていた。

初めてのペラ小屋に、二つのプロペラを宏奈は持ってきた。一つは、養成所で自ら調整したもの。もう一つは、なけなしの小遣《こづか》いをはたいて購入した新品。「持ちペラ制」はプロペラを五つまでレース場に持ちこめるため、ベテランレーサーたちは微細な差違を施した五つをそれぞれ装着して試運転し、そこから一つを選択してレース本番に臨む。だが宏奈には、この二つのプロペラしかない。しかも正樹の目から見て、訓練生のときに養成所で一生懸命に叩いてきたという一つは、どう見ても勝てそうにない代物であった。

「貸してごらん」

正樹は、彼女の新品のプロペラを、熱して、伸ばして、削って、叩いてあげた。それらの作業を、すぐそばで宏奈がじっと見つめていた。

「新ペラから、こんなふうにするのは、養成所から出てきた子に、いきなりは無理だもんな。やたらに叩いて、でこぼこにしちゃうと、あとからだと、なかなか直せないからさ」

そういって正樹は、加工した新品のプロペラを彼女の手に戻した。

「これを手本に、養成所で叩いてきたプロペラで、加工の練習をしてみるといいよ」

後日、ボートレース多摩川でのデビュー戦を終えた宏奈から、すぐに結果の報告があった。五日間のレースで、すべて六着かと思いきや、「一レースのみ五着がありました」とのことであった。

「それなら、俺よりはマシだよ！　俺のデビューは、ぜんぶ六着で、最後は転覆だったんだからさ！」

そういうと、電話の向こうで宏奈が笑ってくれた。

勝負の世界は容赦ない。

次節の彼女からの電話は、笑いなどまるでなくなってしまった。レース本番で二回もボートをひっくりかえしてしまい、試運転でも転覆したために、「ぜんぶで三回もコケちゃいました……」と悄気《しょげ》ていたことさえあった。

観客が注視しているなかで、ボートの外へ投げだされ、水面で浮かびながら救助艇に救われるのを待っている弟子。しかもそれを一節に三度もやらかしてしまったという彼女の悲惨な姿を想像すると、正樹はいたたまれなかった。

「養成所で訓練中も、私、同期のなかでビリだったんです。そんな私が、同期でもない、先輩たちばかりのなかで、勝てるはずなんて、ないですよね……」

いまにも泣きだしてしまいそうな弟子の切実《せつじつ》な言葉であった。

言葉を言葉で拭《ぬぐ》ってあげることはできなかった。

大丈夫、とも、いつか勝てる、とも、彼はいえなかった。

ただ黙って聞いてあげることしかできなかった。

その後も一期（約半年）ものあいだ、弟子は勝てなかった。

そればかりか、最高位が四着止まりで、三連単や三連複の舟券に絡むことさえできずにいた。

レースのたびに、宿舎から出ると、結果報告の電話をすぐに彼女はくれた。師匠である自分にぶざまな成績ばかりを話させていることが、しだいに忍びなくなってきた。

「いいんだよ、結果なんて」

泣いている彼女に、正樹はいいきかせるように、ゆっくりと、そして強く話した。

「レースに向かうまで、一生懸命、ペラを、叩いたんだろ？　いまは、レースでの結果よりも、誰の目にも映らない、ペラ小屋での過程のほうが、大切な時期なんだよ。とにかく、毎日、ペラを叩きつづけるんだよ。ペラ小屋で、ペラを叩きつづけるんだよ」

彼がペラ小屋へ行くと、いつも彼女がいた。

二人で黙々とペラを叩いた。

帰る頃には二人とも、金属粉《きんぞくふん》まみれになった。手も顔も、酸《す》っぱいような金属の臭《にお》いがした。

そうして半年が過ぎ、二期目の三節目に入ったとき、宏奈から電話が入った。

「最終日に、やっと、水神祭が、できました！」

ボートレース平和島での、女子レーサーだけが出場する「レディースカップオール女子戦」。五号艇で大外六コースから、〇・〇二のトップスタートで、第一ターンマークでまくり差し、そのまま逃げきれたのだという。

それまでは三着さえなく、いきなり第一ターンマークで先頭に立ったときにはおもわず、「まえに誰もいない、ってびっくりしちゃいました！」。トップ独走となるもゴールするまで安心できず、「ひやひやして、何度も後ろをふりかえって見ちゃいました！」。初勝利し、レース後に先輩たちから水中へ投げ落とされる水神祭で祝福してもらうと、「もう涙はなくて、めちゃくちゃ嬉しかったです！」。

その声は、一日に三度も転覆したデビュー直後とはまるで異なり、いまも水神祭で水面に浮かんでいるかのように明るかった。

報告を受けながら、正樹は幾度も頷き、「よかったな！　よかったな！」といった。

競馬でいうところの「万馬券《まんばけん》」は、ボートレースでは「万舟券《まんしゅうけん》」。それをファンは「マンシュウ」と呼ぶ。百円の勝舟投票券に一万円以上もの高配当金がつくのがそれである。デビューから七カ月半、じつに百一戦も連敗しつづけ、しかも三着さえなかった宏奈は、どの予想でも大穴中の大穴であった。初勝利の女子戦の配当は、二連単では二十八番人気、一万八千二百九十円の「マンシュウ」。三連単では百十一番人気、十一万二千五百十円の「十マンシュウ」であった。「百一連敗後の水神祭」はボートレース界でちょっとした話題となった。それ以降、目鼻立ちの整った素顔とも相まって『BOAT RACING girls』なる女子ボートレーサーの写真集でも扱われるなど、彼女は人気選手の一人となった。とりわけ地元ボートレース江戸川には、彼女のファンが多い。

いまや、プロレーサーの家族となった父幹雄は、規則でレース場へは行けなくなったし、舟券は買えなくなった。だがインターネット中継を観戦しつつ、泣き虫だった娘を応援している。

そして、実力も徐々につきはじめ、デビューから十年が過ぎ、優勝こそないものの「優出」が八度、A級も十分に狙える位置に、彼女はいる。

師匠の正樹はといえば、自身はA級が望めず、もうすっかりB級に定着してはいる。

けれども、弟子の成長を、誰よりも師匠が、喜んでいる。

第六章　レーサーの友、客を待つ。

「どれだけ努力してみたって、辿《たど》りつけない領域《りょういき》というのは、残酷《ざんこく》だけど、たしかにあるんです。自分自身が、いちばんよく、わかっちゃうんです。賞金王なんて、そんなものには、なれないんだということが……。だけどね、だからといって、俺はB級でいいや、もうB級で満足しよう、なんてことも、レースの世界って、許されないんですよ。そう思った瞬間に、どんどん滑りおちて、レーサーでいられなくなる、僕はそう思っていました。どうしたらA級になれるか、どうしたら上へ、どうしたらもっと上へって、諦めてしまうことなく、粘りづよく考えつづけて、それでやっと、あれだけ長く、僕みたいな奴が、レーサーでいられたんだと思います」

一

隅田川《すみだがわ》に架《か》かる吾妻橋《あづまばし》を渡る。
雷門《かみなりもん》、仲見世《なかみせ》、そして浅草寺《せんそうじ》めあての観光客で通りはいつも賑わしい。
その人波《ひとなみ》を掻きわけるようにして、本吉正樹は西へと進む。
地下鉄銀座線《ぎんざせん》の浅草駅を過ぎたら、交差点を左へと折れる。

表通りを一本外れただけというのに、突然、静かになる。

そこから少し歩いた先の右手の角に、その店は見えてくる。

外観は硝子張《がらすば》りで、外からでもグレーの壁紙の洗練された店内が見通せる。ダウンライトが各テーブルの木目を照らし、長いカウンターのなかに店主が立っているのも見える。

店外から硝子越しに正樹が右手を振ると、店主はすぐに気がついた。小走りにカウンターから出てきて、硝子扉を開けて正樹を笑顔で迎えた。

「いらっしゃい」

「ノリ、おつかれ」

店主に正樹がそう挨拶する。

「ノリ」と呼ぶのは、店主の名が平井紀之《ひらいのりゆき》だからであり、「おつかれ」というのは、店主との以前からの親しさによる。

そこは、レース後に正樹がよく立ちよる馴染《なじ》みの店であった。

カウンター席ではなく、店の隅のテーブル席の、黒い革張りのソファに、正樹は腰掛ける。

「最近、調子良さそうですね」

ているよ」

「いやいや、一本持ち（フライング一回の意。二回目は計九十日間の斡旋《あっせん》停止の懲罰《ちょうばつ》）だから、ぼちぼちやっ

「でもこのあいだ、平和島で一着を二本、取っていましたよね」

「ああ、俺の結果なんか、チェックしてくれているんだ」

ひとしきり、そんなやりとりがあり、それからようやく、「なにを呑まれますか」、となる。最初は生ビール。あとは店の名物で、あらかじめ焼酎《しょうちゅう》と水とを混合させてある「前割《まえわ》り」で杯をかさねてゆく。

店主は口髭《くちひげ》と顎鬚《あごひげ》とを生《は》やしており、一見厳《いか》つそうである。だが丸顔で睫毛《まつげ》の長い双眸《そうぼう》は大きく黒目勝《くろめが》ちで優しげでもある。

この店主になら、正樹は気軽に話せる。レースでたまに勝つ嬉しさ。ほとんど敗れる悔しさ。耳が不自由な妻をランチタイムに連れてきたこともあったし、ダウン症の息子を店外でのイベントで会わせたこともあった。

とはいえ、レースのことも、家族のことも、たとえ酔っていても、正樹が愚痴《ぐち》をこぼすのを、店主は聞いたことがない。ただ最近あった事実をそのまま、照れ笑いに交《ま》ぜながら、途切《とぎ》れ途

切れに語ってゆく。店主は他の客の相手もしながら、幾度か頷《うなず》いたり、少し励ましたりしながら、それを聞くのであった。

「ノマンカクワンカ」。

この店の名である。

落ちついたバーの趣《おもむき》ながら、もつ鍋《なべ》が人気の、いわゆる居酒屋である。

レーサーたちがここへはよく訪れる。羽田空港から京急線《けいきゅう》エアポート快特で一本、成田空港からも京成《けいせい》スカイライナーで一時間かからない。全国各地のボートレース場から帰京した正樹のような在京のレーサーはもちろん、桐生《きりゅう》、平和島、多摩川、戸田、そして江戸川へ遠征に来た地方在住のレーサーも顔を出す。レースとは無縁の客も多いが、ここはレーサーたちが集《つど》い、安心して呑んで話せるサロンのような役割も果たしている。

なぜ、レーサーたちが、ここを訪れるようになったか。

それは、洒落《しゃれ》た雰囲気や、立地の良さや、酒や肴《さかな》の旨《うま》さ、ばかりではない。

店主が、かつてはレーサーであった。

レーサーにとってのここは、身内のような店主がいる、気心知れた店なのである。

正樹と店主の紀之は、同業者というより、仲間でもあった。師匠の桑原淳一が建てたペラ小屋で、ともにプロペラを叩いたこともある。正樹は新陳代謝《しんちんたいしゃ》が衰えた年齢ゆえに、紀之はもともと重めの体重ゆえに、ともに減量に励み、一緒にサウナで汗を絞ったこともある。そしてなかなか勝てずに成績が下落し、引退勧告される恐怖と、ともに闘《たたか》ったことも。

戦火をくぐりぬけた戦友がいつまでも慕《した》いあうように、レースで飛沫《しぶき》を浴びたレーサーもまた、互いにつながりつづけるようである。

レースは文字どおり命懸《いのちが》けで、いつ事故や怪我に見舞《みま》われるかわからない。しかも安定はなんら保証されるわけでなく、勝率が下位の者から順にレーサーではいられなくなる。

紀之は、四十二歳でレーサーをやめた。

それでも、夢の世界にいたレーサー時代の貯金をはたいて都内に店を構え、現実の世界で第二の人生をスタートさせている。

束の間の休息を求めてこの店へ呑みに来る多くの現役レーサーにとって、彼という元レーサーは、自身にもいずれは訪れる、現実の世界における、未来の姿かもしれなかった。

食っていくためにこの店を営んでいる元レーサーの店主にとって、頰《ほお》をこけさせ、減量しつつもここへ来てくれる多くの現役レーサーたちは、自身がどこかへ置いてきた、夢の世界における、過去の姿であった。

いま、テーブル席で呑んでいる正樹も、まだレーサーであることが、その痩《や》せこけた頰でわかる。テーブルには、彼が注文した前割りと、そして、数々の皿が並んでいる。タコの唐揚《からあ》げ、焼鳥《やきとり》、漬物《つけもの》。正樹がしかし、ここで、腹いっぱいに喰《く》ってしまうことはない。そんなことをしてしまえば、後々減量で苦労し、勝利から遠ざかり、レーサーではいられなくなってしまう。

呑まんか、喰わんか。

店名にそうはいわれようとも、レーサーたちは、自己を律しつつ、呑み、喰う。

そのことを、誰よりも知っている一人が、店の呼び名を付けた、ここの店主、平井紀之であった。

二

「勝敗は兵家《へいか》の常《つね》」。

勝つときもあれば、敗れるときもある、というほどの、故事来歴《こじらいれき》である。

しかし、「兵家」よりも「レーサー」のほうが残酷であることを、平井紀之は知っている。

勝つときもあれば、敗れるときもある、などという生易《なまやさ》しさなどない。

いつでも勝てるような、A1レーサーがいる一方、敗れることがほとんどの、B2レーサーもいる。

紀之の場合、後者であった。

SG、G1、そしてG2といった大レースへの出走、なし。

一般レースでの優勝、なし。

しかし、紀之の凄味《すごみ》は、敗れて、敗れて、敗れつづけつつもなお、二十二年間もの長きにわたり、レーサーでありつづけた、その事実にある。

運動神経抜群であった十代までは、勝利に彩られていた。

千葉県流山市《ながれやまし》に暮らす会社員の家庭に生まれ、小学生の頃からスイミングスクールに通った。育成コースにスカウトされ、ジュニアオリンピックの候補に選ばれた。同時に小学校の陸上クラブでも百メートルで市の大会で優勝した。中学校では軟式テニス部、高校では硬式テニス部で活躍した。

千葉県はテニスの強豪校が犇《ひし》めき、「千葉を制すは全国を制す」といわれていた。それら強豪校にはクラブチームで英才教育を受け、高校生ながら国内外の用具メーカーから支援されているプロ志望の選手が数多くいた。そんな相手にも、彼は臆《おく》さなかった。流通経済大学付属《りゅうつうけいざいだいがくふぞく》柏《かしわ》高校という当時のテニス界では無名といっていい高校ながら、三年生の夏には千葉県私学テニス大会にて連戦連勝、優勝を成しとげた。

大学附属高校ながら他の大学を受験したく、卒業後に浪人することを決めた。予備校の費用を両親に負担させてしまうのが申し訳なく、実家を離れて住込みで新聞配達をして東京都渋谷区の代々木《よよぎ》にある予備校へと通った。受験勉強をしながら、朝夕刊を走って配達した。担当地域は恵比寿《えびす》、広尾《ひろお》、代官山《だいかんやま》といった東京の高級住宅街であった。テレビで目にする著名人や大企業の社長といった、人生の勝者たちが暮らしている瀟洒《しょうしゃ》な家々の郵便受けに新聞を差した。

半年ほど経ったある深夜、早朝の配達を控えて自室で横になっていた。眠気覚《ねむけざ》ましにつけっぱなしであったテレビの深夜番組が、大金《たいきん》を稼げる手段としてある職業を紹介していた。

ボートレーサー。

背丈が高くはなく、視力が良く、そして人並外れた運動神経があれば、その職業に就けるかもしれないという。約千七百万円の平均年収は、他のプロスポーツに比べても高額とのことであった。紀之は、背丈が百六十七センチ、視力が両眼とも二・〇、そして、運動神経抜群であった。新聞配達をし、予備校へ通い、大学を目指す日々。そんな生活は将来の就職のためである。父がそうしてきたように、会社員になるのかもしれないと漠然《ばくぜん》と思ってはいた。だがテレビ番組の放送翌日、訪れたことさえないボートレース平和島へ電話をかけた。

「どうしたら、ボートレーサーになれますか」

ボートレース平和島は、プロがレースをする場であり、レーサーになるための詳細は日本モーターボート競走会に訊《たず》ねるようにと連絡先を教えてくれた。日本モーターボート競走会は、本栖湖に研修所があること、そこへ入るためには試験に合格しなければならないことを教えてくれた。

受験資格は、年齢、学歴、身長、視力、弁色力、聴力等々あったが、彼にとって大きな問題が一つだけあった。それは、のちに彼を長らく苦しめることになる、厳格な条件であった。

《応募資格第四条　体重が四十九キロ以上五十七キロ以下の者（男子の場合）》

それを知ってからの紀之は、予備校での大学受験の勉強より、体重を落とすことに必死になった。テニスをやっていた高校時代から、骨太《ほねぶと》で筋肉質のせいか体重は七十キロあった。それを五十七キロ以下に落とせば、人一倍稼げるレーサーになれるかもしれない。その一心で、マンションのエレベーターを使わずに階段で新聞を配達し、食事は林檎《りんご》一つだけ、水さえほとんど飲まずに目標体重に達した。

一度目の受験は、身体検査で減量のせいか血尿《けつにょう》が出てしまって不合格。

二度目の受験も、同じく尿検査で不合格。

三度目の正直で、どうにか合格できた。

本栖湖にある研修所で最初に気になったのは、そこへ集った他の合格者たちの体型であった。誰もがみな、自分よりも細く見えた。半年経って始まった乗艇しての模擬レースでは、本来のレースなら体重が軽い者に錘《おもり》が課せられるはずのところ、研修所ではそれが逆であった。体重五十七キロを切れずにいた彼は、一キロの錘を積まされた。それはレーサーに相応《ふさわ》しい体型を維持《いじ》するための「養成」の一環であった。体重を超過している者は、錘を積まされるから当然勝てない。勝てなければ成績が下位に沈み、研修所を去る他ない。

優勝劣敗《ゆうしょうれっぱい》。

レースの世界はいつでも、優っている者が勝ち、劣っている者が敗れるという道理になっている。たとえば研修所の模擬レースでは、軽ければ優れているということで、ますます勝てる。重ければ劣っているということで、ますます敗れる。自身の体重と、一キロの錘とで、優勝劣敗を紀之はデビューまえから痛感させられた。

ボートレース界の勝者となれるか、そうでないかを、デビュー以前にレーサーは自認できてしまうようである。

本吉正樹や、その弟子の中澤宏奈もそうであったように、平井紀之もまた、研修所で苦戦した。弱点といえる体重の増減に気を揉《も》んでいるとき、すでに勝者たり得る者たちは、リーグ戦で一着を並べていた。たとえば同期でリーグ勝率二位、卒業レースの「修了記念競走」で優勝した池田浩二《いけだこうじ》。その研修所の勝者は、デビュー後も勝者となった。紀之が一レースも出場できなかったSGで十勝、G1でも十三勝。「池田のインは黙って買え」とファンにいわしめる賞金王となった。

どうにか研修所を卒業こそできたものの、紀之の苦悩はつづいた。デビューレースはボートレース平和島での「第二回秋田さきがけスポーツ杯争奪レース」、初日六着、二日目六着、三日目五着と、いわゆる「ゴンロク」ばかりで、焦りゆえにか四日目にはスタートでフライングをしてしまった。「デビュー節でフライングする負けん気が強い奴は、大成するか、身を滅ぼすか、そのどちらかだ」と先輩レーサーから評された。だが彼本人は、「大成するでも身を滅ぼすでもなく、ただ地味に事故っただけのことです」と冷静に自己分析していた。

じつに、デビューから初勝利まで、二年半以上もかかった。水神祭まで、二百四十一連敗は、ボートレース史上ワースト二位の記録であった。ワースト一位の女子レーサーはその後まもなく引退してしまった。だが紀之は、優勝することも、引退することもなく、粘りに粘る。A級に上がらないまま、敗れてばかりの悔しさと、過酷な減量の苦しさに喘ぎつつ、レーサーでありつづけた。

注視すればするほど、人は多くを見逃してしまうことがある。ある一点を見つめると、ある一点以外は視界に入ってはいても見えていないのと同じで、すべてが心理的盲点《もうてん》となってしまう。

紀之にとってのある一点とは、減量であり、ある一点以外とは、その他すべてのレースとは無縁の、広大な世界であった。

「おまえ、来た業界を間違えたんじゃねえの」

まじまじと体格を見られながら、先輩レーサーからそういわれたことがあった。ボートレースは体重が軽くなければ勝てない。それは身をもって痛感してはいた。それでも、来た業界を間違えたとは自認してしまいたくなかった。研修所への入所試験の狭き門をくぐりぬけ、デビュー後も淘汰《とうた》されずに水神祭も迎えた。来た業界を間違えたのかもしれない、ほんのわずかでもそう思ってしまえば、張りつめている心が瓦解《がかい》してレースに縋《すが》りついていられなくなってしまう気がした。

必死に減量をした。体重を削りおとすことが勝利への最低条件であると信じた。レース場では昼食の時刻になっても、夕食の時刻になっても、食堂へは行かずにサラダはおろか水さえも口に含まなかった。喰わないことこそが、レーサーとして食ってゆくということである、とでもいうように。

他の選手たちが夕食中、一人で宿舎の風呂場へ行く。併設されているサウナへ七分間入り、出て水風呂で身体を冷やし、つぎは八分間、またサウナへ。その十五分間を四セットすれば、一時間サウナにいた計算になる。なぜ七分間と八分間に分けるのかといえば、水分不足のためか意識が朦朧《もうろう》とし、いまが何セット目の前半か後半かが判然としなくなるためである。立ちくらみがしてサウナへと向かえなくとも、浴槽《よくそう》の縁《ふち》に腰掛け、脚だけを湯に浸《つ》けてわずかばかりでも汗を流す。水分を摂らないのみならず、汗で水分をさらに絞って体重を落とす。鬼気迫《ききせま》るそんな入浴を、風呂場が開く午後五時から、閉まる午後十時までくりかえす日もある。そして脱衣所で体重計に乗ると、数字が示すのは、ほんの少しだけ落ちている自身の、憎むほどに重たい、体重であった。

五百ミリリットル入りのペットボトルの炭酸水を、風呂上がりに呷《あお》ることだけを自身に許した。あとは翌朝までぐったりと眠る。起きて朝食は味噌汁《みそしる》の具は残して少しだけ啜《すす》り、勝つことが困難なレースへ。そして昼食と夕食は、死に物狂いで拒絶し、またサウナへ。

レーサーである紀之にとってのレース場は、職場でありながら、同時に、地獄でもあった。

「ノリ、今夜もまた、オープンラストか？」

風呂場の浴槽の縁に腰掛けてまた朦朧としていると、声をかけてくる者がいた。「オープンラスト」とは、風呂場が開いて閉まるまでの時間、ずっとここにいることをいっている。

重たい頭を上げて声のほうを見ると、現れたのは同じ東京支部のレーサー、本吉正樹であった。

十歳年上の先輩との出会いは、紀之のデビュー後まもなくのことであった。互いのホームプールであるボートレース江戸川で、同じレースに出走し、互いに勝てなかった。桑原淳一が主宰するペラ小屋の会に紀之も加入したことで、正樹はいつも気にかけてくれるようになった。同じレース場に斡旋されたときには、紀之が走るところをかならず見ていて貴重な技術的な助言をしてくれた。「あそこは外じゃなく内に突っこんで自分の身体を相手に見せなきゃ駄目だよな」「相手に好きなかたちでターンさせずに窮屈にさせなきゃ駄目だよな」。正樹の思惑と自身の位置取りとが一致したときには、たとえ結果が六着ではあっても、「あれでよかったんだよ」と褒めてくれるのが嬉しかった。

ボートレース江戸川の風呂場に現れた正樹の裸体《らたい》は、紀之から見ても痩せ細っていた。並んで風呂場の縁に座る二人は、日頃から減量苦と闘っている。加齢により代謝が衰えたせいか、体重がすぐに増えるし、なかなか減らなくなってしまった、と正樹がいった。その全身には、紀之同様に贅肉《ぜいにく》などまったくといっていいほどになく、皮膚には骨と筋肉が隆起《りゅうき》しているように浮かびあがって見えた。

紀之と正樹は無言で、サウナへ入ったり出たりした。二人で浴槽の縁に腰掛けて休むときは、腹《はら》が減り、喉《のど》が渇《かわ》き、互いに言葉ばかりか表情さえも失ってしまった。なにも考えなかったし、なにも考えられなかった。ただひたすらに、汗のしずくの、その一滴一滴が、自身の皮膚から、ようやく滲《し》みだしては、滑りおち、床に消えゆくのを、二人ともに、見送るだけであった。

三

「さあ、呑めよ、喰えよ。今夜くらい、気にするなよ」
その節のすべてのレースを終えてレース場を出られると、まだレーサーだった紀之を正樹は呑みに誘ってくれた。一軒目の焼肉店からテーブルに載せきれないほどの料理を注文した。数日間飲まず食わずでいた紀之は、胃が拒絶《きょぜつ》してか肉が喉を通らなかった。見れば正樹もまた箸《はし》が進んでいなかった。しばらくすると料理をテーブルに残したまま、つぎの店へ行こうと正樹は立ちあがった。やがて二人ともしたたかに酔い、二人ともたいして喰わず、四、五軒、梯子《はしご》したあたりで正樹が先に酔いつぶれた。角《つの》を生やして待っている妻の美佐恵がいる自宅へと送り、二人は別れた。

そうした痛飲は、しかし、レースを終えた一晩のことだけであった。その他の日は、紀之からも、正樹からも、誘って呑むことはなかった。なぜ、喰いきれないほどの料理を注文したのか。あれほどまでに呑んで酔いつぶれたのか。紀之にはわからない。ただ、あのサウナでの辛苦から解放され、閉じこめられたレース場から出られたその一晩だけ、人並み以上に呑み、人並み以上に喰う真似をしたことで、その後もまたレースへと戻れていたのは事実であった。

紀之も、正樹も、それぞれ、別のレース場で、飲まず、喰わず、浴室に籠《こ》もり、汗を絞った。

それでも、二人のレーサーは、勝てはしない。

ハルウララ、という競走馬がいた。

一勝も挙げられずに敗れつづけたことで逆に人気となり、地方競馬ながら全国的に注目された。百六戦目には中央競馬のトップ騎手である武豊《たけゆたか》が騎乗したが、それでも勝てなかった。勝てずとも健気《けなげ》に走る姿に人々は感動したものか、単勝馬券が記録的に売れ、映画にまでされて惜しまれつつ引退した。生涯成績は、百十三連敗。

その人気馬と同じ時代に、紀之も走り、そして敗れつづけた。

連敗した地方馬のことがもはや話題にされなくなってもなお、十年以上も、彼はレーサーでありつづけた。彼が人間ゆえにか、ボートレースが地味ゆえにか、彼の舟券が売れることも、映画になることもなかった。馬の心境はわかりはしないが、彼は人間ゆえに、友人である正樹には、その必死さが、痛いほどに伝わってきた。

「ノリは、ほんとうに頑張ってるな。練習も、ペラ叩きも、一つも怠《おこた》らず、減量も飲まず喰わずでさ。たとえ勝てなくたって、ノリの姿勢は、素晴らしいと思うよ」

正樹が励ますと、その骨と皮だけになったような顔を向け、紀之はこう応えた。

「いや、このままじゃ、駄目なんです。もうB級でいいや、と停まった瞬間に、ずるずると滑りおちてしまうんです。だから、A級に上がるつもりで、もっと、もっと、頑張らなきゃ、B級にさえ、いられなくなってしまうんです」

競争は、努力と、結果が、比例しない。

どれだけ努力しても、デビューから数えきれないほど、紀之は引退勧告されそうになった。そのたびごとに、どうにかボートにしがみついてきた。

とうとう、ボートから降りたのは、レーサー人生、二十一年目の、梅雨《つゆ》のことであった。

B級といえども賞金は生活に困窮《こんきゅう》するほどではなく、このまま五十歳くらいまでなら引退勧告を免《まぬか》れて稼げる気もした。成績よりも、身体が限界であった。減量に次ぐ減量で、つねに脱水症状が現れていた。目眩《めまい》、頭痛、悪心《おしん》、汗や尿の量はいつも少なかった。このままでは脳梗《のうこう》塞《そく》や臓器不全《ぞうきふぜん》でいつ倒れるかわからなかった。二週間絶食したときには突然耳が聞こえなくなり、視野が狭《せば》まりもした。眠りにつくとき、このまま起きられるものか不安になり、目が覚めたときには、生きていることに安堵《あんど》したりもした。

彼には、二十八歳で結婚した二つ年下の妻がいた。心配をかけたくないため、仕事であるレースのことはほとんど話さなかった。結婚後はレースに専念していたが、引退間際に男児を授かった。その息子が小学校に入学するくらいまではレーサーでいたいと思ったこともあった。だがレーサーどころか、このまま過激な減量をしていたのでは、生きていられるかすらわからない。

最終斡旋は、ボートレース平和島での一般戦、「ウェーブ21杯」。

結果は、五着、五着、五着、六着、六着、六着、五着の、潔《いさぎよ》いほどの「ゴンロク」であった。

人知れず彼は、レースを卒《お》えた。

まだ、子どもは幼く、引退後も働かなければならない。レースしかしてこなかっただけに、できないこと、できること、やりたいことを整理してみようと思った。できないことはたくさんあったが、できることも、やりたいことも、挙げられずに困った。

すでに第二の人生をはじめている元レーサーに相談すると、車両を運搬するためのトラックである「キャリアカー」の運転手をしており、月に三十万円ほど稼げているという。とはいえ準中型車運転免許証を彼は取得しておらず、友人から飲食店を開業してはどうかと勧められた。いまから料理の修業に出られる年齢でもないため、居酒屋価格で呑める雰囲気の落ちついたバーならば、と開店へ向けて動きはじめた。

浅草の表通りから少し入った先の角地に、内装や設備がすべてとりのぞかれた、建物の骨組みと壁がコンクリートの打ちっぱなしになっている二十五坪の物件を見つけた。そこにモルタルを塗った重厚なカウンターや洒落た木製の家具を配し、五十種類ほどの酒を揃えて店を構えた。サウナで一緒に減量した先輩の正樹に開店を知らせると、目を見開かれた。

「えっ！　ノリ、そんなこと考えていたのかよ。俺なんて、レーサーやめさせられたら、なんにもできないよ。ノリはすごいな！」

場所を浅草にしたのは、羽田と成田の両空港から来やすく、多くの現役レーサーたちに通ってもらえると考えたからでもあった。むろん、いまや友となった正樹とも、店で会いたかった。

「行く行く、もちろん行くよ！　ノリが店をはじめるなんて、ほんとすごいな！」

言葉どおり、開店すると正樹はよく店へ顔を出してくれた。レースのない日の夜に呑みに来てくれるのはもちろん、昼に妻の美佐恵とともにランチにも来てくれた。

そして、正樹のみならず、店にはたくさんの現役レーサーたちがやってきた。カウンターの脇には『ボートレースファン手帳』を置いておいた。来てくれたレーサーの名の横に丸印をつけてみると、三百五十名を超した。それは、現役時代の紀之が、どれだけ苦労していたかを知る彼らが、そんな紀之が出店したからと、応援してくれているに違いなかった。

「ノマンカクワンカ」。

呑まんか喰わんか、をカタカナにすると、まるで何語かわからないような洒落た感じと、親しみやすさで店名を決めた。彼が現役であったとき、あれだけ飲めず、あれだけ喰えず、減量してばかりのレーサーであったことを知る者には、「ノマンカクワンカ」は、微笑《ほほえ》ましい洒落のようにも思える店名であった。

引退から半年後に開店し、そこから十カ月目までは客足は順調であった。レーサーの客や一《いち》見《げん》の客ばかりでなく、地元の町会や青年会も贔屓《ひいき》にしてくれ、売上は徐々に伸びていった。このままなら月々の稼ぎもレーサー時代を凌《しの》ぐほどになりそうで、店での忙しさがありがたかった。妻が第二子を妊娠し、第二の人生はまさに順風満帆《じゅんぷうまんぱん》に思えた。

そんなときであった。新型コロナウイルスの感染爆発が発生し、客足がぱたりと途絶えた。夜間の飲食店が感染経路であるかのように報じられると、来客はおろか、あれだけ賑やかであった浅草でさえ人影が消えた。五十食ほどは出ていた日中のランチでどうにか食いつなげればと思ったが、それも緊急事態宣言の発令により客は皆無となった。とうとう、一時的に店を閉めることとなった。

国からの助成金で店員たちの給料は支払えた。だが家賃を支払えば手許《てもと》に残るのはほんのわずかであった。次男が誕生し、これからますます稼がなければならない。

緊急事態宣言が解除されても、すぐに客足は戻ってはこなかった。それでも彼は毎日店を開け、カウンターの内側に入り、客を待った。ある月曜日の夜には、客が一人も現れず、売上がまったくない日さえあった。

レーサーは、肉体を削《そ》ぎおとし、精神を磨《す》りへらす職業であった。飲まず喰わずで減量し、いつ引退勧告されるのかと結果ばかりを気にしてきた。だが居酒屋の店主もまた、楽ではなかった。客が来なければ、望んで喰わないのではなく、望んでも食べてはいけなくなる。第二の人生もまた、粘りづよく客を待つ、そんなレースのようでもあった。

「おとうさん、ぼく、どうしても勝てない。どうしたら、勝てるようになるの?」

小学生になった長男が、運動会での徒競走《ときょうそう》の練習で、どうしても勝つことができない相手が、一人だけいるのだという。訊かれたときにはすでに運動会まで間がなく、本番でぜったいに勝てるような練習方法を教えてあげることなどできなかった。たった一つだけ、スタートのコツを伝授した。

「十四番目に走るなら、一番目から十三番目までの、先生がピストルを鳴らす音を聞いていて、タイミングをはかってごらん。そして自分の番が来たら、ピストルの音を聞かずに、聞いていたタイミングで飛びだしていいよ」

頷いた長男は、運動会本番でそれを実践《じっせん》した。

息子はレースに勝った。

保護者席に脚立《きゃたつ》を立て、その上でカメラを構え、紀之はファインダー越しに、その瞬間を見守った。

「よかったな！」

帰ってきた息子に、紀之はいった。

「勝負というのはね、速いか、遅いか、それだけで、決まるもんじゃないんだよ。ほんのちょっとした工夫をすることでだって、こうして勝つことができるんだよ。それにね、どうしても勝てない、だなんて、自分から諦めちゃ、駄目なんだよ。負けないようにするには、どうしたらいいか。そればかりを粘りづよく考えつづけることが、大事なんだよ」

やがて、コロナ禍が終息へと向かいだした。

雷門や仲見世や浅草寺には、以前の賑やかさが戻ってきた。

表通りから一本入ったその先に、かつては飲まず喰わずで痩せ細っていた元レーサーが、諦めてしまうことなく、粘りづよく、カウンター内で待っていた、「ノマンカクワンカ」という、変わった名の、小さな店がある。

そこも、いまでは、たくさんのレーサーや、その他様々な客たちで、毎晩賑わっている。

第七章　レーサーの母、縁《えん》側《がわ》に座る。

「うちの人が、人生でいちばん嬉しかったのは、あの子が初めてレースで優勝したときだったと思います。晩年になって脳梗塞《のうこうそく》で倒れて、体が不自由になってからも、片手でスポーツ新聞を捲《めく》っては、あの子の成績を気にしていました。それなのに、あの子ったら、江戸川での優勝戦で先頭を走っていて、ぜったいにこれは優勝だと思ったのに、最後の周に抜かれちゃったんです。いったいどうしたのよって訊いたら、優勝したらなんてコメントしようか考えていたら、気付いたときには抜かれてたんだよ、だって。あんたはバカか！　優勝コメントなんて、ゴールしてから考えればいいでしょうよ！　って、もう、怒鳴《どな》ってやりましたよ」

一

レーサーの母は、レースが嫌《きら》いであった。

ボートレーサーになりたい、次男の本吉正樹がそういいだしたとき、母スミ子《こ》は反対するつもりでいた。人様《ひとさま》との競争を生業《なりわい》にするなど、自分たち夫婦の息子にはできるはずがないと思った。スミ子は人からものを頼まれたら断れないお人好《ひとよ》しの性格であった。自宅兼工場の二階の居間を、近所の人が集まる麻雀《マージャン》部屋に、週三日も、しかも幾年も貸してしまったことがあった。誰もが嫌がる子ども会やPTAの役員を、三人も息子がいたこともあって長期にわたって引きうけた。自分のママさんバレーボールはやめてしまい、子どもたちの指導者がいないからとバドミントン教室の世話役も十七年間務めた。

夫であり正樹の父である行雄も、スミ子にも増してお人好しであった。地域の少年野球チームのコーチを、監督にもなれないというのに二十年以上も務めた。コーチといえば聞こえはいいが、実質はグラウンドを確保する雑用係でもあった。正樹ら三人の息子たちが卒部して何年にもなるというのに、やめずに土曜日も日曜日も祝日も、仕事以外の時間と労力とのほとんどを少年野球に費《つい》やした。

行雄は木工細工の職人で、スミ子は専業主婦であった。二人の生活には、出世《しゅっせ》争《あらそ》いも、商売仇《がたき》もなく、人様と競争をする要素がまるでなかった。商売といえばこんなこともあった。小中高校の黒板《こくばん》にチョークで書かれた文字を消す「黒板消し」を、戦前からあった原型を改良して行雄が新たに拵《こしら》えた。物不足の頃には雑巾《ぞうきん》で消されていたが、板に巻いたスポンジとフエルトに塩化ビニールを被せ、それを丸鋲《まるびょう》で留めたものを考案して製作すると飛ぶように売れた。全国各地の学校から注文が殺到《さっとう》し、スミ子の実家である千葉県君津市《きみつし》の知人にまで内職を依頼するほどに繁昌《はんじょう》した。だがその特許《とっきょ》を出願しなかったことで、大手企業が類似品を大量生産して注文はやがて皆無《かいむ》になった。「特許申請しておけばビルでも建ったかね？」とスミ子は悔やんだが、「また別のなにかを考えてみるさ」と行雄は笑っていた。

「すごいんだぞ、レーサーは。年に一千万円以上だって稼げるんだから」

次男の正樹にそう説得されても、せっかく勤めたブリキ印刷工場をやめてしまうことに反対するつもりでいた。ボートレースというものは見たことさえなかったし、レーサーという職業など、なんとなく胡散臭《うさんくさ》く思えたからであった。

そのままのことを夫の行雄に話してみると、翌日にレース場へと連れていってくれた。先日は正樹と二人で来たという、家から橋を一本渡って車で十五分ほどのボートレース江戸川であった。

中川の堤防に設置されている水色の長椅子に腰掛け、レースというものを初めて観た。

「なによ、これ……」

スミ子は呆《あき》れた。

スタートしてわずか半周、三百メートル地点にある第一ターンマークを六艇が回ったあたりで、「決まった！」と周囲の観客が騒いでいた。そのまま観ているると、半周でトップに立ったボートが後続を引き離して勝ってしまった。つぎのレースも、そのつぎのレースも、展開は同じであった。やはりレースは半周ほどで決着してしまうのであった。

「こんなものの、どこがおもしろいのよ。小学生の運動会のほうが、よっぽどマシじゃないの」

それにはなにも応えず、隣に座る夫は黙って川面《かわも》のほうを見ていた。

二人で並んで座っていると、夫の目線のほうが低かった。身長が百五十センチ足らずと夫は小柄で、十センチほどスミ子のほうが高かった。結婚してからずっと、夫と話すときにはスミ子が見下ろすかたちとなった。

「もう、帰ろうよ」

五レースほど観戦したところでスミ子がいった。堤防に吹きつける晩秋の川風が、顔に冷たかったからである。

ボートレースの感想を息子の正樹にもそのまま伝えたが、それでもレーサーになりたいのだという。夫は反対する様子がなく、やがて次男はブリキ印刷工場をやめてしまった。

ボートレーサーになるための最初の受験では、緊張のためか血圧が高くなって不合格とのことであった。やはり正樹には勝負事など不向きと思ったが、めげずに二度目も受験するという。そこでスミ子は、試験前日にこれを飲みな、と薬を一錠《いちじょう》手渡した。

「いっぺんに血圧を下げて緊張しない薬だから、安心して試験を受けてきな」

それは血圧の薬などではなく、市販の漢方胃腸薬であった。暗示が効《き》いたのかはわからなかったが、合格したと歓喜して帰ってきた。

「家族みんなで、正樹の応援に、本栖湖まで行こうじゃないか」

合格をスミ子はそれほど喜ばなかったが、夫は大喜びした。「本栖湖」というのは合格者が一年間レーサーとしてデビューするための訓練を受ける施設、富士山麓《ふじさんろく》にある研修所のことであった。

夫の行雄は生真面目《きまじめ》な男で、外で飲みあるいたことさえ一度もなく、賭事《かけごと》も競馬を少しやってみたくらいでそれもやめてしまった。平日は仕事を休んだことがなく、いつでも工場で木材と向きあっていた。家族でどこかへ遊興に出掛けようといいだすこともなかったが、それでいて根っからの子ども好きでもあった。かわいがるのは三人の息子ばかりではなく、近所の子どもたちを見かけると、砥石《といし》で磨いて輝いている鉋《かんな》の刃を見せてやったり、それで自身の髭《ひげ》を剃《そ》って驚かしてやったりした。

そんな生真面目さや子ども好きは、夫の生いたちによるものかもしれない、そうスミ子は思うことがあった。いまは東京の下町暮らしだが、夫の生まれは広島であった。姓も本吉ではなく吉田《よしだ》といった。これは無口な本人からではなく、夫の姉兄《きょうだい》からスミ子が聞いたことがほとんどだが、彼らの幼少期の暮らしは波乱《はらん》に満ちていた。

行雄の父（正樹の祖父）は広島市内で縫製針《ほうせいばり》の工場を営んでいた。だが経営不振と脳卒中による半身麻痺《はんしんまひ》とで廃業に追いこまれた。家族は離散することになるのだが、それは行雄の母が長女の教師と恋仲になり、駆落《かけお》ちしてしまったことが原因であった。さらに父が死んで子どもたち四人が遺《のこ》されると、彼らは孤児《こじ》となってちりぢりになった。そのおかげではあるのだが、行雄が十四歳のときにアメリカ軍が広島に投下した原子爆弾を、その四年まえに上京していた行雄も三人の姉や兄も回避できた。

長姉、長兄、次兄は東京で働いていた。上京時にはまだ小学四年生の行雄だけが、東京都墨田区八広にある本吉工芸社の親方《おやかた》の家へと引きとられた。養子としてではなく、いわゆる丁稚《でっち》奉公《ぼうこう》のようなもので、幼い頃から手伝いをさせられた。行雄には親がなく、子どもながら真面目に働かなければ生きてはゆかれない身の上であった。

その真面目さや温厚な性格が親方に気に入られたらしく、子がなかった親方夫婦の養子となることができた。旧姓吉田から本吉となって工芸社を継がせてもらった。孤児の自分を養子としてくれた親方夫婦の面倒は、二人が亡《な》くなるまで彼がみた。

スミ子が行雄と出逢《であ》ったのは、彼女が十九歳、行雄が二十九歳のときのことであった。スミ子は千葉県君津郡《きみつぐん》（現君津市）の鍛冶屋《かじや》の長女として生まれた。中学卒業後に「金の卵」として上京し、求人難の東京で雑貨屋へ住込《すみこ》みで働いた。見合《みあい》を勧められ、初見では相手の背が低いことくらいしかわからなかった。だがその背の低さこそが、次男の正樹に遺伝してボートレーサーになれた要素の一つになるとは、むろん知るはずもなかった。

行雄と結婚してよかったと思ったことが一つあった。それは、彼の優しさであった。スミ子に手を上げたことはもちろん、怒ることさえ稀《まれ》であった。たまに夫婦喧嘩をしても、体の大きなスミ子が立ちあがると夫は黙ってしまうのが常であった。優しさはスミ子ばかりでなく、幼い頃に生き別れになった三人の姉兄にも向けられた。三人ともが先に逝《ゆ》くと、千葉県柏市《かしわし》の寺に墓を建立して手厚く葬《ほうむ》った。それればかりか次男の正樹をスミ子が懐妊したとき、突然一人旅に出たいといいだした。ようやく貯《た》めた簡保貯金《かんぽちょきん》を遣《つか》い、福岡県北九州市《きたきゅうしゅうし》へ行くという。理由を訊くと、そこで「母」が暮らしているのだという。

「母」とは、すでに亡くなっていた本吉工芸社の養母ではない。幼い頃に家族を捨てて駆落ちした、実母のことであった。「あんなのは母とは思っていない、生涯許すことはない」。かつては実母のことをそう罵《ののし》っていたはずなのに、いつ受けとったのかわからない古い葉書《はがき》一枚を頼りに、北九州市を訪ねた。そこでは実母がまだ生きており、駆落ち相手とのあいだに一男二女、三人の子を産んで暮らしていたという。

行雄は、実母を許したばかりでなかった。その実母の子である異父弟妹《いふきょうだい》を東京へ呼び、自宅で食事会に招待した。

やにわに、なぜそんな心境になったのかはわからなかったが、スミ子はその寛容さに感激し、手料理で夫の異父弟妹を饗《もてな》した。

競うことも、争うことも、そして憎むこともせず、仕事に打ちこんできた夫であった。

ボートレーサーになりたい、そう息子がいったとき、スミ子は反対した。夫が賛成したのが不思議であった。あのような一瞬のことで観客が舟券でいくら勝ったとか負けたとか、選手が賞金をいくら勝ったとか負けたとか。そんな勝負の世界からは、夫も、自分も、縁遠く暮らしてきたと思えたからである。

ボートレーサーとしてデビューしても、正樹の成績は振るわなかった。そもそも本栖湖の研修所からして全男子選手のうち最下位での卒業であった。それだけにボートレース浜名湖で初優勝したときの夫の喜びようといったらなかった。近所じゅうの人々を自宅に上げ、誰彼なく酒を振《ふ》るまった。

珍しく酔ってはしゃいでいる夫の姿を見たスミ子は、レーサーになった息子に、少しだけ感謝した。

二

レーサーの父は、息子のレースが好きであった。

レーサーである本吉正樹の母スミ子も、妻美佐恵も、レースにあまり関心がなかった。だが父行雄はそうではなかった。レース場へ電話をかけたり、翌日にスポーツ新聞を買ってきたりして結果を気にした。自宅の玄関を出てすぐ左手には、行雄が自分で拵《こしら》えた木製の長椅子《ながいす》がある。そこを「縁側《えんがわ》」と行雄は呼んでいた。縁側に腰掛け、息子のレースの翌朝、スポーツ新聞を広げるのが日課であった。

仕事以外、たいした楽しみもない行雄の生活であった。その仕事の木工細工も下火《したび》になった。昔は夏がやってくるまえに団扇《うちわ》作りに夢中になった。浴衣《ゆかた》姿《すがた》の女性たちの帯《おび》の背に、自分が作った団扇を見ると嬉しそうであった。いまのそれといえばプラスチック製ばかり。路上に捨てられて踏みつけにされている、どこかで無料で配られているプラスチック製のそれを目にすると、行雄は悲しそうな顔をした。行雄が一カ月かけて数個しか作れない鳥籠《とりかご》が、以前は銀座《ぎんざ》や日本《にほん》橋《ばし》にある百貨店の中元《ちゅうげん》や歳暮《せいぼ》の特設売場に陳列《ちんれつ》されたこともあった。それがいまや木製の鳥籠など吊《つる》す家もなければ、そもそも小鳥を飼っている家さえ少なくなり、百貨店からの発注は皆無となった。

そんな夫の人生について、スミ子は考えてしまうことがある。

幼くして母に捨てられ、父に死なれ、生まれ故郷の広島から遠く離れた東京へとやってきた。

木工細工職人の丁稚奉公。親方でもある義父から学んだ手作業。鋸《のこぎり》や鑿《のみ》や鉋《かんな》や錐《きり》や鑢《やすり》による、技巧《ぎこう》の数々。義父が亡くなったいま、彼にしかできないそれらこそが、彼の生きてきた証《あかし》でもあるのだろう。

もはや、その技巧が、世間に必要とされなくなった。

義父がそうしてくれたように、自身も子どもたちに伝えようと思ってみたこともあったであろう。それなのに工場を継がせるほどの受注がなかった。技巧はすべて、彼で跡絶《とだ》えてしまう。道具がすべて置かれたままになっていることが、どんなにか、悔しく、虚《むな》しく、そして寂しいことだろう。そうは思ってしまうが、妻からの憐憫《れんびん》など、夫は欲しくないに違いない。

二人には、三人の息子たちがいた。

そのうちの一人が、レーサーになった。

長男と三男の仕事は、親からは見えなかった。二人はともに証券会社に勤務していたからである。次男の正樹の仕事ぶりだけが、親にも見えた。正樹のレースが、少しでも行雄を一喜一憂させてくれていることが、スミ子には救いであった。叶《かな》うならば、レースでたくさん勝利し、行雄をたくさん喜ばせてほしかった。

それなのに、正樹はなかなか勝てなかった。こんなこともあった。行雄が六十六歳になったとき、正樹が地元のボートレース江戸川で六日間の予選を勝ちぬき、初めて最終日の優勝戦に出場することになった。それだけでも「優出」と呼ばれる栄誉らしい。だがそれだけでは終らせてしまわず、その優勝戦でも勝って「優勝」してほしいとスミ子は願った。なぜなら地元江戸川でそんな栄誉があったのなら、また初優勝のときのように、行雄が歓喜し、近所の人々に振舞い酒をしてほしいと思ったからであった。

ところが、レースの詳細を聞いてスミ子は呆《あき》れた。一周目、第一ターンマークを、正樹は先頭で旋回したという。二周目も正樹のまえには一艇もおらず、あとは最後の三周目、第一ターンマークと第二ターンマークを一度ずつ旋回するだけで、優勝できるはずであった。だが最終周回の第一ターンマークで、すぐ後ろを走っていた艇にかわされて結果は二着であったという。

「どうして！　どうしてなのよ！」

スミ子は、ほとんど叫んだ。

正樹の受験まえに彼女がレースを夫と初観戦したとき、最終周回までトップのレーサーが抜かれたことなど、一度も見たことがなかった。夫がいうには、それはボートレースではなかななかおきない珍事らしい。夫の落胆ぶりを見ていると、「どうして！」とスミ子は幾度も叫ばずにはいられなかった。

なぜ敗れたのか正樹に電話で理由を訊くと、「優勝したらなんてコメントしようか考えていたら、気付いたときには抜かれてたんだよ」とのことであった。

「あんたはバカか！　優勝コメントなんか、ゴールしてから考えればいいでしょうよ！」

電話口でスミ子が怒鳴っているのを、行雄が黙って聞いていた。

息子のレースだけが生きがいのような行雄が、七十一歳の真冬に倒れた。

二階の寝室で先に休んでいたスミ子が、一階でなにやら大きな音がしたことに気付いた。深夜だし不審に思って階段を下りると、行雄が横たわっていた。慌てて近所に住んでいる三男を電話で呼ぶと、すぐに救急車を手配してくれて行雄は墨田中央《すみだちゅうおう》病院へと運ばれていった。

脳梗塞であった。

一命はとりとめたが、しかし片麻痺《かたまひ》の後遺症が残ると診断された。

三カ月ほどして退院し、自宅へと戻った。ことのほか元気で、食事や排泄《はいせつ》、会話にも不自由はさほどなかった。ただし左手と左足が動かしにくくなったようであった。そんな行雄が、行方《ゆくえ》不明になった。慌《あわ》ててスミ子は近所を捜しまわるがどこにもおらず、まさかと思って自宅の工場を覗くと、驚いたことにいつもの作業椅子に、ぽつんと座っていた。

「こんなところで、なにしてたのよ」

スミ子が問うと、その返事に胸が痛んだ。

「俺は職人だ。片腕になっても、仕事ができるんだ」

見ると作業机には多くの刃物が並べられていた。

危険だからと作業を制止したが、スミ子のいうことを行雄は聞かなかった。別の日には工場の機械を作動させたり、また別の日には昔の得意先まわりをして仕事をもらいに行くのだと片手片足で自転車に乗ろうとしたりした。工場で石油ストーブを焚《た》いて作業しようとしており、その火が木屑《きくず》に引火して大火事になりでもしたらと、気付いたスミ子が急いでストーブを屋外へ出したことで事なきを得た日もあった。

「もう、手足が動かなくなったの！　もう、仕事はできないの！」

スミ子がどれだけ諭《さと》しても行雄はかぶりを振るばかりで、「こうしちゃいられないんだ、俺は仕事をするんだ」といいだすのであった。

いくら言葉を尽くしてもわからないため、困りはてたスミ子は次男の正樹と美佐恵の夫婦を、レースがない日に自宅へ呼んだ。刃物や機械や自転車や、そしてストーブのことを説明すると正樹が父を外へと連れだした。

「じゃあ、自転車に、乗ってごらんよ」

正樹が行雄に自転車を預けた。

右手だけでハンドルを握り、サドルに腰掛け、右足だけをペダルに乗せた。走ろうとしたのだが、左側に蹌踉《よろ》けたとき、左足を地面につくことができずに転倒しそうになった。とっさに正樹が後部の荷台を摑《つか》んで自転車を支えた。

「わかっただろ？　もう、乗れないんだよ」

背後から正樹が声をかけると、行雄は黙って俯《うつむ》いていた。

それでも、行雄は、どうしてもやめないことが、一つだけあった。

それは、玄関まえの、あの自分で拵えた縁側に腰掛け、スポーツ新聞に目を通すことであった。

正樹のレースがあった翌日には、かならず縁側にいた。

スポーツ新聞を広げ、息子の名を探す。

「正樹」という、息子の名。

「マサキ」ではなく、「マサジ」と読む。

「マサジュ」でもなく、「マサジ」と読む。

それは、父である行雄が名付けたものではなかった。

孤児の行雄を育て、養子にしてくれた、本吉工芸社の義父と義母に頼んで付けてもらった名であった。

なぜ「マサジ」と読ませるのかは、もはや訊ねることもできず、わからない。

わからないが、義父と義母とに感謝しているものか、行雄は一度も、「マサキ」とは呼ばずに、「マサジ」と呼んだ。

縁側で新聞に息子の名を見つけた行雄は、レースの着順をスミ子に教えるのであった。

「マサジ、昨日は、四着だったみたいだな」

三

レーサーの両親の日々は平穏に過ぎていった。

脳梗塞を患ってから十七年、行雄は八十八歳になり、妻のスミ子は七十八歳になった。スミ子は家事をこなしつつ、近所の子どもたちを集めてのバドミントン教室をつづけていた。行雄はといえば、縁側でスポーツ新聞を開いたまま居眠りしてしまうことが多くなった。

きっと、大きなレースで息子が優勝することなど、もうないだろうとスミ子は思った。なぜなら息子もすでに五十歳を過ぎており、年齢をかさねるほどに成績は芳《かんば》しくなくなってきた。レースがない日にときどき父の様子を心配して家族とともに来てくれた。嫁の美佐恵は突然耳が聞こえなくなり、末孫の駿行はダウン症であった。耳が不自由な嫁とも、言葉がわかりにくい孫とも、スミ子は会話で意思疎通することが難しかった。それでも来てくれるだけでも感謝していた。それは正樹やその家族の顔を見ると、行雄が微笑《ほほえ》むからであった。

行雄は嫁の美佐恵にも優しかった。それは美佐恵が幼いときに両親が離婚しており、父の顔を知らずに育っていることを、行雄が知っていたからかもしれなかった。実母に捨てられて生きわかれた自分と、嫁の境遇とを、かさねて思うようなところがあるのかもしれない。美佐恵が来ると、行雄は缶ビールを冷蔵庫から出してきては、差しつ差されつ一緒に飲むのであった。美佐恵の耳が聞こえなくなったことも心配はすれど、もともと寡黙な行雄は気にする様子がなかった。互いになにも話さなくても、行雄も、美佐恵も、心地よいひとときを過ごしているようであった。

「父さんのことは、もう大丈夫だから、あんたたち、頑張んなよ」

スミ子は正樹夫婦をそう励ました。手料理のいくつかを保存容器に入れて美佐恵に持たせ、正樹が建てた家へと三人を帰してあげるのであった。

スミ子が十九歳、行雄が二十九歳で見合結婚してから、もうすぐ六十年目を迎えようとしていた。

ダイヤモンド婚式。

二十五年目が銀婚式、五十年目が金婚式、そして六十年目となるとそう呼んで祝われるらしい。世界でいちばん硬い鉱石のような絆《きずな》で結ばれた夫婦、という意味とスミ子は誰かから聞いたことがあった。

ダイヤモンドのような夫婦にも、別れのときは、かならず訪れる。

スミ子が七十九歳になった、またも寒い日のことであった。墨田区総合体育館で子どもたちのバドミントンの大会があったため、行雄を介護老人保健施設へ二泊三日の短期入所生活介護、いわゆる「ショートステイ」に出していた。食事、入浴、排泄の手伝いなど日常生活全般の介護をはじめ、レクリエーションも受けられる。体育館で携帯電話が鳴り、施設で行雄が倒れたという。その際にコンクリートの地面に頭部を打ちつけたらしかった。救急車で運ばれ、脳挫《のうざ》傷《しょう》して出血し、頭蓋骨《ずがいこつ》を骨折したとのことであった。スミ子が病院へかけつけると、行雄はすでに意識がなく、それから三日後に危篤状態《きとくじょうたい》に陥《おちい》った。

今際《いまわ》の際《きわ》、眠っているかのような夫に、スミ子は縋《すが》りついて泣いた。

「こんなに長らく連添《つれそ》ったのに、なんにもいわずに先に逝《い》ってしまうのかい……」

スミ子がいうと、不思議なことがおきた。

行雄の目から、涙のしずくが、一条《ひとすじ》、こぼれおちたのである。

危篤の報《しら》せに、長男や三男、その嫁や孫たち、そして次男正樹の妻である美佐恵らがみな集まった。大勢の家族に見送られ、行雄は息を引きとった。

けれども、そこに、一人だけ、いなかった。

故人が生前、スポーツ新聞に、その名を探していた、正樹だけが、いなかった。

正樹は、レースをしていたのであった。

ボートレース平和島におり、レース場にいるレーサーとは連絡がつかなかった。

正樹が父の死に目にあえないことも、スミ子はしかたないと思っていた。レーサーとはそういう職業なのだろうし、仕事をなによりも重んじていた夫のことだから、きっと許しているだろう。あとから知ったことだが、父を亡くしたその節の平和島での「マンスリーBOATRACE杯」、正樹の結果は、二着、五着、五着、五着、四着、三着という平凡なものであった。

まだレース開催日の最中だが、遺体を病院から自宅へと搬送してすぐ、玄関から正樹が飛びこんできた。父の訃報《ふほう》を彼の長男から電話で伝言され、最終日のレースを欠場して管理解除してもらい、急いでかけつけたという。

レースを捨て、勝てないままに、父のもとへと参じた正樹。

優しかった夫のことだから、きっとそれも、許しているだろう、ともスミ子は思った。

「ありがとう」

正樹が一言だけそういうと、すでに眠っている父に掌《てのひら》を合わせた。

その姿を、スミ子は見つめていた。

行雄を送葬《そうそう》し、スミ子は自宅で独《ひと》り暮らしをはじめた。

バドミントン教室はやめてしまったし、なにもする気がおきなくなった。

ときおり、玄関まえの、いつも夫がいた、あの縁側に、ぼんやりと座ってみた。

スポーツ新聞を広げるでもなく、ただ座っているだけであった。

半身が不自由となり、仕事を失い、虚しい思いをした夫を、憐《あわ》れんでみたことがあった。

しかし、いまは自分自身にも、喪失感や虚無感が襲いかかってきている。

縁側を立ちあがって屋内へと戻ると、彼女は冷蔵庫を開ける。夫の生前はそれほど飲まなかったが、彼女の酒量が日に日に増えていった。夫を亡くしてすぐは一日に缶ビールを数缶であったものが、もうどれだけ飲んだかわからなくなるほどに酔ってしまう日もあった。心配した息子たちがビールをノンアルコールビールにすりかえていた。それでも息子たちに隠れて酒屋に缶ビールを注文して配達してもらった。

「どうしたんだよ！　こんなに飲んで！」

正樹が様子を見にきた日に、五百ミリリットル缶を五、六本も空けてしまったことがあった。半年ほど経つと、ビールではなく、四リットルもの容量の大きなペットボトルの焼酎を配達させるようになった。正樹が酒屋に配達しないようにと頼んだらしいが、酒屋も商売だけにすぐに届けてしまっていた。正樹が来て、油性ペンでペットボトルに線を引いていった。どうやら酒量を量っているらしかった。

「たった一日で、こんなに飲んじまったのかよ！」

翌日も現れた正樹が、まるで子どもでも叱りつけるように怒鳴った。

行雄の一周忌《いっしゅうき》を終えてから、スミ子は膝の古傷が激しく痛みだした。

やがて、あの縁側まで歩くことすらつらくなってきたため、手術を受けることになった。

その後、リハビリテーションのために転院した病院で、スミ子は家族とまったく会えなくなってしまった。新型コロナウイルスが蔓延《まんえん》し、世界じゅうで感染爆発が発生していることから緊急事態宣言が発令され、病院が隔離され、入院患者は面会ができなくなった。

——みんな、いったい、どうしているだろう……。

正樹は、レースをしていた。

新型コロナウイルスで観客が不在でも、レースは開催された。

観客はオンラインでレースを観戦し、そしてスマートフォンで舟券を購入する。むしろコロナ以前よりも売上は伸びているらしかった。

「なにかあったときには、ご連絡しますから」

レースを終えた日に、母の転院先に面会の要求をすると、事務員からそういわれた。

父が亡くなった。

母とも会えなくなった。

そして、初めて、気付いたことがある。

それは、父も、母も、まだ元気であった、自分も若かった頃には、まったく気にしたことなどなかったこと。

息子である自分を、応援してくれる人がいたということ。

勝とうと負けようと、応援してくれる人がいたということ。

「マサジ」と呼び、応援してくれる人がいたということ。

応援してくれていた、二人ともに、会えなくなってしまい、胸が締めつけられる。

そして、こみあげてくる感情がある。
レースをしてはいられないほどの、息子としての、悲しさと。
レースをしなければならない、レーサーとしての、哀しさと。
正樹は、レースをしている。

第八章 レーサーの長男、家を売る。

「子どもだった頃は、父の仕事のことは、あまりよくわかっていませんでした。いつも家にいなくて、ときどき帰ってくると、地方の美味《おい》しいお土産を買ってきてくれるから、なんだか楽しそうな仕事なんだろうなと。ただ、父が帰ってきて嬉しかったのは、お土産ぐらいのものでした。家にいないことが自然で、家にいることが不自然というか。いつもは母と子どもたちだけで穏やかに暮らしていたのに、父が帰ってくると、厳しくて、怖くて、口喧《くちやかま》しくて。いまおもえば、仕事のストレスや、つまらないことなんかも、きっとあったんでしょうね。レース後は、いつも酒を飲んで帰ってきました。酔っているときの父のことも、好きではなかったですね」

一

多くの子どもは父の働く姿を知らずに育つ。

本吉正樹の長男である本吉優一《ゆういち》もそうであった。

レーサーがどれほど過酷な職業であるか。父がどれほど熾烈《しれつ》な生存競争を生きのびているか。

それらをまったくといっていいほど優一は知らなかった。

優一にとってのレーサーとは、家族を置いてたびたび留守にし、全国各地へ旅行をし、名産品を土産に帰宅する楽しげな職業、であった。父のレースを観たことは、あるにはあった。それは地元ボートレース江戸川での初優勝が期待され、めかしこんだ母の手にひかれていった幼い頃のこと。レースで父は逆転負けし、用意された花束が無駄になり、不機嫌な母と帰ったという、残念な記憶しかなかった。

高校生までの優一にとっての父は、尊敬できる存在、というわけではまったくなかった。レーサーの父とレースをしてみたことがあった。優一が就学まえ、買ってもらったばかりの自転車で近所の公園から家までのわずかな距離を、走る父とどちらが先にゴールするか競走した。まっしぐらにペダルをこいだ優一が先に玄関まえへと着いて喜んでいると、あとから来た父に背負《せおい》投《な》げをくわされた。信号を無視したとのことで、「交通事故に遭《あ》って怪我《けが》をしたらどうすんだ!」と怒鳴《どな》られた。背負投げでアスファルトに打ちつけられた優一の右足は、擦過傷《さっかしょう》のみならず打《だ》撲《ぼく》した踵《かかと》が腫《は》れあがり、しばらく痛みで歩けないほどであった。

小学校入学後、父は口喧《くちやかま》しくなった。ランドセルの置き場所、食事のしかた、挨拶や礼儀作法。口癖《くちぐせ》はといえば、「そんなことをしていたら養成所では通用しねえぞ!」であった。「養成所」

とは父が一年間寄宿した本栖湖畔にあった本栖研修所のことらしかった。父が若い頃の養成所時代の厳しさについて延々《えんえん》と語りだすこともしばしばあった。父の躾《しつけ》は厳格で、叩かれたことも多かった。小学生から始めた野球では、少年野球チームのコーチを父が引き受け、レースがない日には週末のみならず平日までグラウンドに現れた。父のノックは他の子には優しかったが優一には厳しかった。強烈《きょうれつ》なゴロを捕れずに弾《はじ》いたり、遠くへのゴロに追いつけなかったりすると怒鳴られた。

そんな父が、優一は疎《うと》ましかった。だが幸いにも一年のうち三分の一ほどしか父は家にいなかった。三分の二はボートレース場という見知らぬ職場へと消えてゆく。ボートに乗ってレースをし、ごくたまに勝ち、ほとんどは敗れ、いくらかの賞金を稼いで家族を養ってくれているのであろう。とはいえその仕事での辛苦など、優一が知り得ることは一つもなかった。荷物を持って家の玄関に立ち、母が燧石《ひうちいし》で火花を散らせて見送ると、あとは優一の意識から父は消えた。生活は母子家庭同然で、一般的な家庭の父親のことなど知らないものだから、普段は不在でときおり家に長逗留《ながとうりゅう》しては面倒なことをいいだす、父親とはそんな存在と思っていた。

全国各地のレース場から帰ってくるとき、家の近隣の京成押上線《けいせいおしあげせん》に乗る時点で、母の携帯電話に「いまから帰る」と父は連絡してくる。すると母が気を遣《つか》って優一にいう。

「あと三十分くらいでお父さんが帰ってくるからね！　おかえりなさいって、玄関で迎えてあげてね！」

呼鈴が鳴って玄関で「ただいま」と父の声がする。それでも幼い優一はテレビの子ども番組に夢中で玄関へ行かない。すると父は不機嫌になり、「おい！　今日の素振り（野球の練習）はもうやったのか！」とだしぬけに説教をする。

それに、帰宅後に優一が目にする父は、情けないような姿も多かった。敗北の憂晴《うさば》らしか、子に当たるだけでなく、レース後は泥酔《でいすい》して帰ることもたびたびで、母に散々迷惑をかけた。いつであったか母と口論《こうろん》になり、酔った父を母が無視して入浴していると、父は怒りに任せて浴室のプラスチック製の扉を右の拳《こぶし》で殴《なぐ》って破壊したことまであった。慌てて優一が見にいくと、右腕からの流血がなかなか止まらずに父は血まみれになっていた。

――あーあ、ハンドルを握るはずの右腕を、自ら傷つけてしまうなんて……。

そんな父が優一には愚《おろ》かしかったし、好きになどなれなかった。

けれども、父子《おやこ》というのは、不思議というほかない。

千葉県内の私立高校で野球に没頭《ぼっとう》したのは、父の青春と同じであった。甲子園を目指したが叶《かな》わなかったのも、高校卒業後はとりたてて夢などなかったのも、そして、ボートレーサーを目指してみることにしたのも、まったく父の辿《たど》った進路をそのままになぞった。

二度目で合格した父と異なるのは、三度受験しても不合格で、けっきょく優一は、レーサーにはなれなかった。

それでも、あまり落胆しなかった。受かりたいと願ってはいたが、レーサーになることを心から熱望していたかといわれれば、そうではなかったかもしれなかった。東京生まれ東京育ちのために、旅行気分で全国各地へ遠征できる珍しい職業に憧れてはいた。だがよく父から聞かされていた養成所の過酷な生活や、レーサーになってからの敗北まみれの暮らしを、自分が再現できる自信などなかった。

むしろ、彼が父を見習いたかったのは、レーサーになることよりも、なるべく早く、夫になり、父になり、家庭を築くことのほうであった。

流血騒ぎの夫婦喧嘩もあるにはあったが、息子の目には総じて、父と母は仲の良い夫婦に映った。二人で居酒屋へ行き、母の耳が不自由なものだから、おそらく父はあまり話さず、留守中の出来事を母が語るのを聞いてばかりいるのだろう。末っ子の駿行には、ダウン症の障害がある。だが父も母も、そのことを嘆《なげ》きも悲しみもせず、明るく陽気な家庭を築いてくれた。優一がまだ小学校低学年のときくらいまでは、耳が聞こえない母や、言葉があまり話せない弟の障害が、友だちに対して恥ずかしく思えたような時期もあった。

ところが、母のことも、弟のことも、父は少しも恥ずかしがりはしなかった。少年野球チームの試合のときには、母も弟もグラウンドへかならず呼んだ。やがては監督やチームメートや他の父母も、母や弟の障害について理解してくれた。とりわけチームがどんなに敗れていても笑顔を絶《た》やさず、身振り手振りと大声で応援してくれる弟のことを、チームのマスコットのような大切な存在とみなが思ってくれていることが、優一には嬉しかった。

そうした母や弟のために、むろん優一が私立高校へ通うためにも、出稼ぎのようにレース場へ行って父は賞金で家族を養ってきた。父のように、自分も早く結婚をし、妻や子を持ちたかった。祖母が二十四歳で父を産み、父と同年齢の母も二十四歳で自分を産んだ。ゆえに祖母も、母も、自分も、同じ干支《えと》の巳年《みどし》である。できることなら自分も、二十四歳で巳年の子どもが欲しいとも思った。そんなふうに思わせてくれたことに、ときに愚かしく、ときに嫌いであった父に、優一は感謝してもいた。

レーサーになれなかったからといって、人生というレースが終ったわけではない。

二十歳《はたち》で親許《おやもと》を離れて独立し、スポーツに関わる仕事がしたいとインストラクターとしてスポーツジムに四年半勤めた。だが家庭が持てないほど収入が低かったために不動産販売業者へと転身した。二十四歳というわけにはいかなかったが、スポーツジムで出逢った一歳年下の麻《あさ》美《み》と二十六歳で結婚した。

すぐに男児を授かった。

そうして、彼もまた、父となった。

三十四歳になった優一は、鏡を見ると、ときどき思う。

そこに映るのは、自分が幼かった頃の、父と似た顔。

丸い小顔で、目尻が下がった黒目勝《くろめが》ちの双眸《そうぼう》。

鼻《はな》の形も、顎《あご》の形も、父とそっくりだと母によくいわれる。

父と似ている、とは思いたくない自分が、過去にはいた。

しかし、いまとなっては、似ていて当然なのだろう、と思う。

なぜなら、彼に生まれた息子もまた、自分に、ひいては父に、どこか似ているのだから。

二

父になってみて、父の苦労を初めて知った。

不動産販売会社を三十三歳で退社して本吉優一は独立した。

祖父の行雄が木工細工の職人として一人で生計を立てていたし、父の正樹もまたボートレーサーでいわゆる個人事業主であった。祖父や父の姿を見て育ち、自分もいつかは一人で勝負をしてみたかった。

フリーランスの不動産販売業者になることを妻の麻美に告げてみると、「いいよ」といってくれた。男児二人、女児一人の三人の母となりながら、麻美は看護師として病院に勤務しつづけていた。とはいえ妻の収入に依存《いぞん》するわけにはいかない。顧客《こきゃく》から委託された戸建《こだて》やマンションを販売し、その手数料が彼の収入となる。会社員のときならば、たとえ売れない日がどれだけあろうとも、ある程度の月給が保証されていた。独立してからは、もし売れなければ、収入は皆無となる。

ボートレーサーにはなれなかったが、そんな優一もまた、レーサーのようであった。

彼の父は、レースをし、勝てば多くの、敗れればわずかばかりの賞金を獲得する。そして、もし敗れつづけるようなことがあれば、もはやレーサーではいられなくなる。

優一も同じだと思った。ともかく物件を売らなければ、それはレースに敗れたのと同然で、賞金はない。そして、もし敗れつづけるようなことがあれば、個人事業主ではいられなくなる。

優一のレースもまた、熾烈であった。

不動産売却を委託する顧客は、不動産業者とのあいだで媒介契約《ばいかいけいやく》を結ぶ。専属契約をして優一のみがその物件を預かれるならば、物件の売買だけが勝負となる。だが顧客は優一のみならず、他の複数の業者に同時に売却を依頼する一般契約の場合が多々ある。なんの後盾《うしろだて》もない優一が、大手不動産会社の営業マンと競争して販売活動をしなければならないこともある。ようやく購入希望者を見つけ、マンションを内覧させ、売買契約をまとめる直前まででも一苦労である。だがそこまでこぎつけておきながら、他の業者に売却してもらうからと、顧客から断られたことが幾度もあった。きけば仲介手数料を他の業者が半額にするから、こちらの購入希望者に売ってほしいといわれたとのことであった。いくら契約直前まで先頭を走ろうとも、一着でゴールしなければ一円の収入にもならない。

連戦連敗で五カ月ものあいだまったく物件が売れない時期もあった。そうした日々で彼が学んだのは、敗戦の悔しさという過去の感情を引きずることなく、つぎのレースで勝利するために、できるだけ早く意識を未来へと向けることであった。他の業者に出しぬかれて一着を取られ、その都度落胆していたのでは神経がもたない。顧客のために最大限の努力はするが、敗れてしまえばそのときの感情はいっさい忘れる。つぎの顧客の物件をいかに売るか。たとえそのレースでまた敗れようとも、さらなるレースへと挑んでゆくほかない。

レースで敗れつづける日々。安らぎ、励まし、劬《いたわ》りをくれて、つぎのレース、また、つぎのレースへと向かわせてくれるのは、家に帰ると待っていてくれる、家族であった。

妻の麻美は彼の仕事の話をあえて訊かず、子どもたちの様子や仕事とはまったく無関係の他愛ない話題で和《なご》ませてくれた。しかも彼にとってありがたかったのは、三人の子どもたちの存在であった。むろん幼い彼らは、優一が顧客に対してどんなに繊細《せんさい》に気を遣っているか、にもかかわらず顧客が他の業者を選んだか、といった仕事の辛苦《しんく》など、まったく知らない。ただ、「ただいま」といって彼が帰宅すると、「おかえり！」という甲高《かんだか》い叫び声のような元気な挨拶とともに、小さな素足《すあし》が床を蹴る音が近づいてきて、そして彼の顔を見るなり息子が両手を広げて飛びついてくる。息子や娘たちを抱きしめると、瞬時《しゅんじ》のことではあるが、レースでの敗北を忘れられた。

——もういい、もういいんだ……。どんなに負けたって、この子たちのために、つぎは勝つしか、ないんだから。

そうして、我が子の無邪気《むじゃき》さや可愛《かわい》さに助けられるとき、ふと、優一は、はっとすることがある。

遠い日の記憶が、しかし、鮮明に甦《よみがえ》ってくる。

——あと三十分くらいでお父さんが帰ってくるからね！

それは、いつかの母の声であった。

——おかえりなさいって、玄関で迎えてあげてね！

父の正樹がレース場から帰ってくるとき、母の美佐恵は息子である優一たちと一緒に、安らぎや、励ましや、労りを、敗者に与えたかったのであろう。

呼鈴が鳴って玄関で「ただいま」と父の声がした。それでも優一はテレビの子ども番組に夢中で玄関へは行かなかった。すると父は不機嫌になり、「おい！　今日の素振りはもうやったのか！」とだしぬけに説教をした。

あれから、二十五年以上、四半世紀もの歳月が流れた。それなのに、あのときの、居間の様子も、父の声も、そして父が疎ましかった自分の心も、ありありと思いだされた。

大人になり、父になり、敗れつづけている、いまになって思う。きっと父は、レースでストレスをかかえていたのだろう。家族にも会えず、独房《どくぼう》のような施設へ入れられ、通信機器を預けさせられ、連日レースに挑む。減量のために食事も満足に摂らず、プロペラやモーターと格闘し、勝利できれば報《むく》われもするが、ほぼ敗北という結果に打ちのめされる。ようやく解きはなたれてわずかな賞金を持って家に帰ってみれば、我が子に疎まれているらしく玄関にさえ出迎えてくれない。なんのためのレースかわからなくなってしまい、「素振りはもうやったのか！」云々《うんぬん》と小言を口にしてしまったのだろう。

いまになって、父に申し訳なかったと優一は悔やむ。家のまえの路地で、びゅんびゅんとバットを振っている姿でも見せて、父を迎えてあげればよかった。いや、なまじ父が好きであった野球などしていたから、父を苛立《いらだ》たせてしまったこともあるだろう。野球ではない、父との距離が適度に保てる、なにか別のことをしていたらよかった。そして、笑顔を見せてあげればよかった。「おかえり」、といって。

そこまでの思いやりなど、子どもの彼にはなかった。

けれども、いまなら、わかる。

どれだけ、勝利を望んでみたところで、勝利できやしないことがある、虚《むな》しさが。

それでも、また勝利を目指し、戦わなければならない、苦しさが。

そうして、彼は、彼の家族に励まされ、また不動産販売という、レースへと挑んでいた。

そんな日々の、ある秋の夜のことであった。長男と長女の七五三詣《しちごさんもうで》に、妻の麻美と父の正樹、母の美佐恵が三人して神社へと参詣してくれた。父の彼はといえば、仕事が多忙で一緒に行けなかった。初孫の成長を喜んでくれているとはいえ、我が子の行事を両親に任せてしまったことが悪く思え、優一は後日両親を食事に誘った。

「ボートレーサー、やめることになるかもしれない」

ほとんど会話をしたことがない父正樹が、食事の席で優一にそう告げた。

あまりに唐突で事情がわからず、詳しく訊いた。すると二つの数字を挙げて自らの危《あや》うい立場について、父は説明してくれた。

「千六百人中の、千六百一番目、らしいんだ……」

それは、信じられないほどの際どさであった。

ボートレーサーの総数は千六百人と規定されている。総数が千六百人未満であれば、引退勧告されるのは四期（二年）の通算勝率が三・八〇を下回ったレーサーのみとなる。現在父の勝率は四・一五とのことで、引退勧告を余裕で免れているはずであった。ところが選手会が規定している「競走の公正確保及び競技水準の向上化に関する規程」には特例がある。それはボートレーサーの総数が千六百人を超過している場合のみ、デビューから三十三年以上のベテランを対象に、四期通算勝率が四・八〇以下の下位から順に、総数が千六百人になるまで引退勧告されるという規則である。

「姥捨山ルール」。

そう呼ばれる特例は、年齢が上のベテランレーサーに過酷な規則で、父もこれに抵触してしまっているらしかった。しかも順位は「千六百人中の、千六百一番目」。すなわち、あと一人、勝率で追いぬくことができなければ、引退勧告を受けることになる。

「千六百人中の、千六百一番目だなんて、そんな……」

優一は、二つの数字を反復した。

極限状態に置かれている父の立場に、あらためて父の仕事であるレースの容赦のなさを痛感《つうかん》させられた気がした。千六百一番目の父は、千六百番目に、勝率がわずか〇・〇一、足りないという。それを知らされたのは期限の二週間まえで、残すはボートレース江戸川での五日間のレースのみ。しかもそこで出走が予想される八レースのうち、一レース勝っても、二レース勝っても、さらには三レース勝っても、その〇・〇一の差を逆転できるか微妙《びみょう》なのだという。なぜなら千六百一番以降の選手のなかには、父よりも実績のある猛者《もさ》が多く、この二週間で順位を上げてくることも予想されるとのことであった。

「なら、残りの八レースで、どれだけの成績を、挙げなきゃならないの」

優一の問いに、父はしばらく俯《うつむ》いたまま黙っており、やがて静かに答えた。

「最終日、優勝戦に乗るくらいじゃなきゃ、と思ってるよ」

それは、残り八レースのうち、最終日を残した六レースで好成績を連発し、上位六名に選ばれ、最終日の最終レースである、優勝戦に出場すること、すなわち「優出」すること、が目標であるという回答であった。

——そんな！……。

そういってしまいそうになり、優一は口を噤《つぐ》んだ。

六レース中、半分以上の四レースで、勝利する。

引退勧告回避のために課せられたその目標が、父にとってどれだけ困難なことであるか。いや、どれだけ不可能なことであるかを優一は思った。昨今の父の成績が、なにより目標の無謀《むぼう》さを物語っている。この年の江戸川でここまで、父は二十三レースに出走している。そのうち一着を取れたのは、三レースしかなかった。まったく一着争いに絡むことさえできなかった「ゴンロク（五、六着）」はといえば五レースもあった。さらに直近のボートレース福岡では九レースに出走して一着はなかった。しかも四日目にはフライングを犯すなど散々な成績であった。こんなでは、六レース中、四レースで勝利する目標など、無理難題といっていい。

——そんな……。

父を見つめながら、声には出さず、心のなかで、優一は、そうくりかえした。

三

父の仕事ぶりを、息子の本吉優一は、いまでは尊敬している。

それは、レーサーである父の、レースにおける結果ではない。

勝率順では千六百人中の千六百一番目と、最下位のさらに下位、レーサーではいられない危機に瀕《ひん》している。

けれども、レーサーを並べる基準を、勝率ではなく、年齢としてみると、どうか。

千六百人中、六十番目。

父より年長者は、五十九名しかいない。

いかに、レーサーが過酷な生存競争を強《し》いられているか。それは全レーサーに割当てられた登録番号からも理解できる。父のそれは「３３１３」番。レーサー第一号は「１１」であり、欠番の「４２」を含めた十一番を除くと、父のデビュー以前には三千三百一名ものレーサーがいたことになる。それが現役となると五十九名しかいないということは、すでに三千二百四十二名ものレーサーが引退を余儀なくされている事実を明示している。

しかも、自身より歳上のレーサーとだけ戦ってきたわけではない。父よりも年下のレーサーが毎年新加入してきて、いまや登録番号は「5310」まである。すると父より若くとも、引退勧告されたり、その他の理由によりレーサーではいられなくなったりした者が、四百名以上もいる計算になる。

すなわち、レーサーは、二つのレースをしているといえる。

「一着」を目指す短期的なレースと。

「生存」を目指す長期的なレースと。

そして、その生存競争で、いまだに父は、生きのびている。

不動産販売業の個人事業主として仕事をしてみると、一軒一軒の物件を売ることよりも、それを長く継続して生きのびることのほうが、どれほど困難なことか身にしみている。しかもレーサーは成績が悪化すれば強制的に引退勧告されてしまうのに、父はB級レーサーながら、しぶとく現役でありつづけている。

レーサーという父の仕事を思うとき、勝負というものについて、優一は考えさせられてしまう。

むろん、「勝つ」か「負ける」か、を決するために争うのが、勝負ではある。

勝負とはしかし、「勝つ」か「負ける」か、その二つだけではないのかもしれない。

レーサーとしてレースをしつづけ、少しでも長く生きのびる。

そのためには、「勝つ」でも「負ける」でもない、もう一つの生きかたもあるのではないか。

「負けない」――。

「一着」を目指す短期的なレースで勝てずとも、「生存」を目指す長期的なレースで、どこまでも、「負けない」。

千六百人中の、たとえ千六百番目の最下位であっても、どうにか、「負けない」。

相手レーサーとの競争ではなく、年齢や、減量や、怪我といった、自分自身との闘いに、なにがなんでも、「負けない」。

「勝つ」も難しいが、「負けない」も苦しい。

優一が高校三年生の頃、父がレーサー人生二十周年を迎えて選手会と競走会から表彰され、なにやら記念品を贈呈されたことがあった。そのときの記念品がなにであったかは忘れたが、父の継続力が強く印象に残った。いつか自分もそんな息の長いレーサーになれたら、とボートレーサー養成所の試験を受験するきっかけの一つにもなった。だがそこから、さらに十六年もの歳月が流れている。

優一が生まれるまえから、父はレーサーであった。

優一が社会に出て今日に至るまで、父はレーサーでありつづけている。

そんな長きに及ぶ父の、堅忍《けんにん》、自制《じせい》、不屈《ふくつ》を思うとき、優一はもはや、敬服《けいふく》するほかなかった。

三十五年ものあいだ、父は、「負けない」でいる。

五十七歳になってもなお、独房のような宿舎に籠もり、いまだに食べたいものも食べず、レースで敗れに敗れ、千六百人中の千六百一番目になり、負けてしまいそうになっているのに、それでもなお、「負けない」。

「負けない」ことに、なぜそこまで、必死になれるのか。

父の心にある、執念ともいうべき、生きのびることへの、動機となっているものは、いったいなにか。

父から聞いたことはなかった。

優一も訊いたことはなかった。

しかし、推測ならできた。

おそらく、「負けない」動機は、家族ではないだろうか。

いまの自分のことを、優一は考えてみた。どれだけ物件が売れない時期がつづこうとも、なぜまた販売競争というレースへと挑むのか。それは、家族の存在があるからに他ならない。購入した自宅のローンもたっぷり残っており、家には妻と、まだ幼い三人の子が暮らしている。家で子どもを大きく育み、妻とともに少しずつ老いてゆく。

父は、優一が六歳のときに建てた家のローンを、近年すべて払いおえたらしかった。

賞金によって、家を建てた。

賞金によって、子どもたちを育てた。

賞金によって、母とともに少しずつ老いてきた。

レーサーの家——。

それは、レーサーが、レースに挑むための、理由である。

レーサーの家こそが、レーサーを、ここまで必死にさせてきた。

レーサーの家は、もはや十分に役目を果たしたといえる。優一たち三人の息子たちはそこからすでに巣立ち、それぞれがまた家を持ち、それぞれの家族と暮らしているのであるから。

それならば、もう、レーサーではなくとも、いいのかもしれない。千六百人中の千六百一番目でも、いいのかもしれない。そろそろ「負けない」を終えても、いいのかもしれない。

けれども、レーサーの家には、まだ、巣立ってはいない息子が。一人だけいる。おそらくは今後も、独りで暮したり、家を建てたり、家庭を育んだり、そうしたことのないであろう、父の末子であり、優一の末弟である、駿行がいる。

とはいえ、ダウン症がある駿行がいることが、父がレーサーでありつづけなければならないという義務になってしまっているとは、優一は思わない。なぜなら父には優一も含めた三人の息子もおり、誰もが駿行の面倒をいまやみられる。じっさいに優一は将来、駿行を引受けて一緒に暮らそうと考えてもいる。年老いてゆく両親に、駿行を預けたままにしておくわけにはいかない。しかも母は耳が不自由で、その母の老後のことも優一はひそかに思いをめぐらせてもいる。それを父に告げたことはないが、末っ子の駿行が父にとっての、重荷のような存在ではないはずである。

父と駿行との関係性を思うとき、優一はすぐに、自身と子どもたちとのそれに、かさねあわせることができる。

レーサーの家。

そこにあるのは、レーサーでありつづけなければならないという、義務ばかりではない。

きっと、父は、与えられてもいる。

レーサーの家にあるもの。

たとえば、それは、「ただいま」といったら「おかえり」と声のする、安らぎであろう。

たとえば、それは、「しごとおわったら、おんせん、いこうね」という励ましであろう。

たとえば、それは、「けんか、やめな」という、劬《いたわ》りであろう。

一週間後、父は、レースに挑む。

レーサー人生の、残り六レースのうち、四レースで勝たなければならない、そんな無謀な、レースに挑む。

千六百一番が、千六百番を目指す、最後のレースにしないための、最後のレースに挑《いど》む。

——父さん……。

言葉にはせず、心のなかで、心から、優一は願った。

——頑張れよな。

第九章

レーサー、レースに挑《いど》む。

「三十代のレーサーだって、僕からすれば子どもの世代で若いなあと思います。なのに、二十代や十代のレーサーが、毎年つぎつぎと入ってきちゃうんです。誰かが入ってくるのなら、誰かが出ていかなければならない。だけど、僕は、人から引退勧告されるのは、嫌なんです。じゅうぶんやりきったから、レースはもういい、というくらいの日が来るまでは、レーサーでいたい。とはいえ、じゅうぶんやりきったから、レースはもういい、なんて日が、来るのかな……。けっきょくのところ、レースが好きなんでしょうね。それは、誰かと競って勝つ、ということだけじゃなく。ペラ小屋でプロペラを叩いたり、調整室でモーターをいじったり、そして、プロペラやモーターを装着したボートを試運転してみて、ほんの少しでも速く走れるようになったことを確かめたり」

一

川面《かわも》に微風《びふう》が吹き、幾千万もの小さな波の、一波一波の揺らめきが、西日を受けて眩《まぶ》しく輝いていた。

その反射する陽光《ようこう》に眼を細めながら、ボートの上で本吉正樹は待っていた。生涯最後となるかもしれない、生き残りをかけたレースのスタートを。

不思議であった。

神頼みのおかげかどうか。家族や師匠や弟子や友人の祈りが通じたものかどうか。

奇蹟《きせき》、というほかない出来事が、このボートレース江戸川に入場してからつぎつぎとおきた。

まず、レース開催前日の前検日に実施されたモーター抽選会でのことであった。不正防止の観点から厳正かつ古典的な抽選方法が採用されており、それは商店街の福引《ふくびき》などで見られる「ガラポン」と呼ばれる抽選器が使用される。ハンドルが付いている六角形の箱を回して出てきた球体に振られた番号により、五日間の全レースで各レーサーが使用するモーターが決定する。

モーターには性能に個体差が生じ、前節に転覆して水を被って本来の出力を発揮できないものもあれば、前節に好成績であった優秀なものもある。高性能のモーターを当てたいとどのレーサーも切望《せつぼう》するため、抽選会ではレーサーの歓喜や落胆が見受けられる。

《62》。

ガラポンを回して出てきた数字を正樹は確認した。その数字がどのモーターなのか、壁に掲示されているモーター一覧表で照合してみると頬が緩んだ。

最後になるかもしれないこの江戸川で彼が操縦するのは、これより三日まえに終了した前節において、一着、三着、三着、二着、一着、三着と、全レースで三着以内、つまり三連率十割という、かなり優秀なモーターであった。最終日には優勝戦に出場（「優出」）まで果たしているそれは、誰もが抽選で欲しがるものといえた。今節における正樹の目標は、まさに「優出」であった。六レース中、四レースで一着になれれば「優出」が望める。その結果、引退勧告から免れるかもしれない。そんな自ら掲げた無謀ともいえる挑戦に、前日の抽選日での幸運から勇気をもらえた気がした。

しかも、このモーターを前節で使用していたのは、同じ東京支部の若林将《わかばやししょう》というレーサーであった。後輩のプロペラの調整方法は熟知《じゅくち》していたし、その彼が「優出」したプロペラがモーターにはそのまま装着されていた。正樹は後輩のプロペラを信じてそのままボートへと乗艇するだけでも好成績が挙げられると、抽選結果に感謝した。

ところが、彼は迷いだした。抽選直後に試運転し、スタート練習も二本して計時《けいじ》を見てみると、いい記録とはいえなかった。たしかにスタート時もコーナーでの加速時もいまひとつ回転数の手応《てごた》えが感じられず、プロペラを叩きなおすべきか否か迷いが生じたのである。

プロペラをモーターから外し、プロペラ調整室で、しばらく正樹は逡巡《しゅんじゅん》した。自分ではないレーサーが前節優出しているからといって、試運転で感じた長年のレーサーとしての自分の勘《かん》を無視してしまってもよいものか。明日のレース初日のみ、このままのプロペラで走ってみて様子を見るという方策《ほうさく》もあろう。だがこれから始まる六レースは、生涯最後になるかもしれない挑戦であり、その初日のわずか一レースさえ無駄にはできない。彼は初日から一着、せめて二着を確保しなければならない崖《がけ》っぷちにいる。他者を信じ、自分を蔑《ないがし》ろにし、もしも結果が悪ければ悔やんでも悔やみきれない。

正樹はハンマーを振りおろした。

決心してプロペラを調整しなおしたのである。

前節の後輩のペラ叩きは、さすがA1レーサーと唸《うな》るほどの見事な出来映《できば》えであった。むろん後輩は数日後に正樹がそれを見ていることを知らない。その丁寧な叩きぶりのハンマー跡が美しくさえあるプロペラを、正樹はゲージで仔細《しさい》に計測してみた。すると二枚ある羽根がまったく同じではなく、ミリ単位で一枚のみ回転数が抑えられた調整がなされていた。なぜそうしてあるのかは、いまは後輩に訊けるはずもない。正樹は回転数が抑えられていた一枚だけに手を加え、二枚が同じ形状になるようにハンマーで調整し、レース初日を迎えた。

初日の第三レース、出走する正樹の五号艇は六番人気と、下位に沈むと観客には予想された。それでも不人気を覆《くつがえ》した彼は、レースで二着に入ってみせた。三連単は十三番人気で払戻金は三千三百十円もついた。江戸川では不利とされる外枠五コースからの二着で、モーターにも、プロペラにも、かなり自信が持てた。

そして、モーター、プロペラにつづき、さらなる奇蹟が、「月兎《げっと》ソースカップ」二日目の第二レース、まさに正樹が出走したそのレースで発生した。

二

初日のレースが二着であった、その翌日の第二レースで、おもわぬ事故がおきた。

本吉正樹は有利とされる一コースが確保できる一号艇であったため、ここではかならず一着をとっておかなければと意気込んでいた。そのスタート後、一周目第一ターンマーク、先頭で旋回することに彼は成功した。その際に右から自分の艇を差そうとしてきた二号艇が、彼と接触したわけでもないのに突如《とつじょ》として安定を失い、水面から浮きあがるのが横目に見えた。彼はそのまま先頭を走っていたため、視界から消えた二号艇がその後どうなったのかはわからなかった。だがコースサイドに設置されている危険信号灯が点灯した。後続に事故が発生したことを知らせる合図である。第二ターンマークを旋回しおえたとき、第一ターンマーク付近で転覆している二号艇のボートの底がようやく視界でとらえられた。転覆レースはその時点で追い抜き禁止となるため、わずか一周したのみで正樹が一着になることが確定的となった。二号艇のレーサーは水面から救助艇に救出されて無事なようであった。

これまで、正樹自身が転覆してレースを台無しにしてしまったことは幾度かあった。だが他者の転覆で勝利が転がりこんできたことなどあったのか、彼はすぐには思いだせなかった。

しかも、つづく三日目の第二レースでも、四日目の第一レースでも、彼は一着となった。

四日間で、三つの一着。

そのような好成績は、若い頃まで記憶を遡《さかのぼ》らなければならないほど、久しく経験がない大活躍であった。

けれども、奇蹟が、際限なくつづくはずはない。

不思議なことは、そこまでであった。

四日目の第八レースで四着と敗れると、最終日の第六レースでも三着が精いっぱいであった。

まるで、魔法の時間が潰《つい》えてしまったかのように、彼は勝てなくなった。

結果、彼が目標としていた最終日五日目の優勝戦への出場、「優出」はならなかった。

残すは、最終メインレースの優勝戦ではなく、その前座の第十レース、惜しくも「優出」できなかったレーサーたちで争われる選抜戦に、彼は出走することになった。

それが、彼にとっての、引退勧告されるまえの、実質的な最後のレースとなる。

たとえ、このレースに勝てたとしても、千六百人中、千六百一番目から脱しているとは、彼には思えなかった。目標である「優出」を果たせなかったことで、もうレーサーでいられなくなる事態は免れまいとも覚悟しなければならなかった。

彼の地元であるボートレース江戸川での客たちも、意気消沈《いきしょうちん》したその心境を理解しているかのようであった。この第十レースの彼の舟券は人気薄《にんきうす》で、一着になった際の三連単のオッズが三十四倍から五百六十五倍もあった。

その選抜戦に向かう正樹らレーサー六人が整列し、係員に敬礼をしてこれから乗りこむボートが係留しているピットへと向かう。他のレース場であれば、本番控室とピットはすぐ近くにある。だがボートレース江戸川だけは、河川の堤防を歩いて越えなければならない。

コンクリートでかためられている小高い堤防を、六人は整列して上ってゆく。

そこには、鉄製の階段が設けられており、古びて錆《さ》びついたそれは、鶯色《うぐいすいろ》のペンキが幾重《いくえ》にも塗られていた。

その階段は、段数が、十三段あった。

十三を「忌《い》み数」とするのは西洋のみで、この国では十三段ある階段はありふれていよう。それでも、巣鴨拘置所《すがもこうちじょ》に設置された絞首台が「十三階段」であったと伝えられることなどから、十三という数を不吉とする向きもある。

十三階段を、勝負服姿の男たちが、踏みしめるように、一段ずつ、上ってゆく。

——この十三階段は……。

跫音《あしおと》をひびかせ、無言で階段を上りながら、正樹は心のなかでいった。

——死にゆくための、階段なんかじゃない。俺にとっては、生き残るための、階段なんだ。

階段を上りおえ、堤防を越えた。

——現役続行への、奇蹟があろうと、なかろうと、ここで諦めてしまうわけには、いかない。だって、俺には、まだ、レースが一つ、残されていて、だって、俺は、まだ、レーサーなんだから。

微《かす》かに波打つ水面に、彼を待っている二号艇がピットに浮かんでいるのが堤防から見えた。

デビューから、三十五年。

五千レース以上を、走ってきた。

残すは、一レース。

彼は、ボートへと乗りこんだ。

膝を折って屈み、ハンドルを右手で握った。

いつもの姿勢。いつもの感触。いつもの観客席からのざわめき。そしていつもの、下流の先の東京湾から漂ってくる潮の香り。

波に軽く揺られながら、左手の指でヘルメットのシールドを、静かに閉じた。

ざわめきも、香りも、消えた。

一周六百メートル、コースを三周する、ゴールラインまで千八百メートルの、五十七歳、最後の挑戦が、スタートしようとしていた。

三

スタートラインの右脇に設置されているその名のとおり巨大な「大時計《おおどけい》」の秒針が頂点に達しようとしていた。

飛ぶように川面を滑走する全六艇が、横一線に並んでスタートラインへと向かってゆく。

本吉正樹は、スロットルレバーを左手で強く握りしめていた。

ボートレースのボートにブレーキはない。減速するならばレバーを離すほかない（「放《ほう》る」とレーサーはいう）。もしスタートで握りすぎて〇・〇一秒でも大時計よりも早くスタートラインを越えてしまったらフライングとなる。前節にボートレース福岡にて正樹はそれを犯しており、ここで二度目となれば九十日間のレース斡旋停止となる。

もはや、正樹には、恐れるものなど、なにもなかった。

フライングをしてもいい、という自棄《じき》ではない。

フライングをするはずがない、という自信であった。

長年の経験から、彼はホームプールの直線を「放る」ことなく、モーター全開でスタートラインを通過した。

レースが開始された。

二コース二号艇の正樹のスタート計時は、「〇・一二」秒。

一コース一号艇のそれは、「〇・一六」秒。

人の眼では目視できない、ほんの僅差《きんさ》ではあるが、スタートで正樹はインコースの一号艇よりもまえに出た。

百五十メートル前方に設置されている第一ターンマークに、時速約八十キロで六艇が迫ってゆく。そこへ飛びこむようにして真っ先にハンドルをきってターンを開始したのは、先頭の正樹ではなく、スタートでわずかに遅れた一号艇であった。ターンする一号艇が上げる飛沫《しぶき》を、二号艇の正樹はヘルメットや勝負服に浴びた。

彼の後方では他艇同士が側面を衝突させる鈍くて激しい音が聞こえた。

旋回のために左手のレバーを離して減速した彼は、「モンキーターン」と呼ばれる姿勢で艇内に立ちあがると、右手でハンドルを鋭く左へときった。

彼の二号艇の舳先《へさき》が、紅白に配色が施されたターンマークに触れそうになった。それより内側に舳先が入ってしまえば、その時点で違反とみなされて失格となる。だが彼には、すれすれで旋回できることがわかっていた。三十五年ものレーサー人生で、このホームプールが最も多く走っている。練習走行やスタート展示も含めれば、幾千回、幾万回、もうどれだけこのターンマークを旋回したのか数えきれない。だがそれも、残すところあと三周。このレースが終れば、もう二度と、ここを回ることもなくなる。

先に旋回したインコースの一号艇が、減速が足りなかったために大きく外側へと膨《ふく》らんだ。その一号艇の内側を、ターンマークを小回りした正樹が「差し」にいった。「差し」は、先に旋回したボートが走ったあとに残る白い「引き波」を乗りこえなければならない。引き波はボートを操縦しにくくするだけでなく、プロペラが空転しやすく減速しがちになる。だが構うことなく一号艇の引き波を跨《また》ぐように正樹は乗りこえた。彼が奇蹟的に引きあてた前節優出のモーターと、彼が叩きなおしたプロペラは、引き波をものともせず、勢いそのままにターンマークを回りきった。

横向きとなっていた各艇が、モンキーターンを終えて膝を折った前傾姿勢に戻った。

正樹もハンドルを真っすぐに戻してレバーを握った。

ボートがバックストレッチに入ると、「差し」が決まって彼が先頭に躍りでたことがわかった。

もう、正樹の視界に他の五艇は映らない。今回はコースサイドの危険信号灯も点灯しておらず、後方で転覆もなかったことがわかる。

レバーを握りつつ、上体を屈めて空気抵抗を避けながら、彼は第二ターンマークを目指す。

振りかえって後方を確認すると、二艇身離れたところから、「差し」を許した一号艇や、その他の艇が猛追してくるのが見える。このレースを、まだ誰も諦めてはいない。

第二ターンマーク、一号艇が彼を抜こうと試みる。だが小回りでインを閉めることで、わずかな隙《すき》も与えない。

またも正樹は、ターンマークに触れるか触れないかのすれすれの旋回を見せる。

その姿は、これまでで最高の技術をここに披露することで、まるでホームプールに別れを告げているかのようでもあった。

二周目、三週目と、レースが進むごとに、正樹と、その他の艇との間隔《かんかく》が徐々に開いてゆく。

もはや彼の一着を脅《おびや》かす者はない。

いつであったか、遠い若かりし日、「優出」したこの江戸川で、珍しく家族が揃って観戦してくれていた優勝戦でのこと。余裕で先頭を走りながら、油断して最後に抜かれて二着になったことがあった。地元初優勝を逃したその日、父には残念がられ、母には電話で怒鳴られた。若くはなくなった彼は、そんな過《あやま》ちは犯さない。それに、もし同じように敗れようとも、残念がってくれた父は他界してしまったし、怒鳴ってくれた母は入院中で会えない。あのとき妻とともに応援してくれていた息子たちも、すっかり大人になって巣立ってしまっている。もう、そんなにも、長い歳月が、流れてしまった。

けれども、彼は、レーサーとして、同じコースの、同じ川面を、まだ走っている。

あの日から、今日まで、あっというまのことのように、彼には感じられた。

ホームストレッチや、バックストレッチで、幾度も振りむき、後続の一号艇との距離を、用心深く目視した。いつかのように、抜かれてしまうことが、ないように。

視線の先には、遮るものは、なにもなかった。

日が傾いたホームストレッチの、橙色《だいだいいろ》にきらめく水面を、ボートの舳先で掻きわけつつ、ゴールラインへと、ただ向かえば、それでよかった。

終章　ゴールライン

「千六百人中、千五百九十九位だったよ、セーフだったよ、そう伝えきいた瞬間は、嬉しかったんです。ああ、よかったな、まだ、レーサーでいることができるんだなって。だけど、すぐに、はっとして、喜べなくなりました。僕が、生き残ったということは、誰かが生き残ることが、できなかったんだよなって……。きけば、僕より歳上の十一名のレーサーが、引退勧告されることになったと。みなさん、むかしから一緒に仕事をさせていただいてきた先輩方ですし、お一人おひとり、全員の頑張りを知っていますから、すぐにみなさんのことが頭に浮かんできて。レースの着順がちょっとでも違っていたら、それが僕だったわけですし、他人事《ひとごと》にも思えませんでしたし。レースって、勝っても、喜べないとき、あるんですよね」

一

とみに広くなったように感じられる末っ子の背中に、本吉正樹は湯をかけて石鹼《せっけん》の泡を洗いながした。

「また肥《ふと》ったんじゃねえのか」

肉付きのよい背を軽く叩きながら、からかうように彼はいった。

「ふとってない、ふとってない」

背後に振りむいた駿行の、いつものくぐもった声が、銭湯の高い天井に反響した。

駿行と銭湯へ来ると、こうして背中を流しあう。先に彼が駿行に背を向け、「強く洗ってくれよ」と注文する。「もっとだよ！　もっと強く！」というと、駿行が必死になって力をこめて洗う。正樹も強く洗ってやると、ボートレーサーの力は駿行には痛いらしく、「もういい、もういい」と少し嫌がる。

二人が並んで腰掛けていると、小柄《こがら》な正樹より、ひとまわりも、ふたまわりも、駿行のほうが大きく見えた。

「パン屋勤めの帰りに、またコンビニでおにぎりでも買って、隠れて喰ってるんだろ」

この末っ子の体重が増えすぎていることを正樹は心配し、外では買喰いをしない、そう約束させた。だが体重は減るどころか、こうして背中を見ると、また増えていることがわかる。

「たべてない！　たべてない！」

激しくかぶりを振りながら、駿行が否定した。

「もう、バレてるよ。おまえはどこか抜けているんだよ。ズボンのポケットに、また鮭《さけ》にぎりの包紙《つつみがみ》が入ってたって、おかあさんがいってたぞ。バレたくないなら、そんなの、ちゃんとゴミ箱に捨ててこいよ」

そういって正樹が両手で両腋《りょうわき》をくすぐると、かぶりを振りながら「たべてない！　たべてない！」と駿行は身悶《みもだ》えしながら笑い声を上げた。

自宅から車で三十分ほどの、東京との県境《けんきょう》にある千葉県松戸市《まつどし》の銭湯に二人はいた。「笑《え》がおの湯」という名のここへ来ると、文字どおりの笑顔になって駿行は「おんせん！　おんせん！」と喜ぶ。厳密には地中から湧出《ゆうしゅつ》した温泉ではなく、そこは一般的な銭湯に過ぎない。だが温泉の効能よりも、三十歳も過ぎた息子と、いまだにこうして背中を流しあえることで、仕事の疲労が薄れてゆく気がした。

ボートレース江戸川での、最後のレースを一着で終えた一カ月後のいま、ここへ三人で来ている。妻の美佐恵も、今頃は女湯《おんなゆ》で、「おんせん」に浸《つか》っているであろう。

体を洗いおえて湯船《ゆぶね》に入ると、まだここへ来たばかりだというのに、駿行が正樹にいう。

「しごとがおわったら、また、おんせん、こようね」

「そうだな、また、こような」

そういって頷きながら、「しごと」がまだあることが、いまだに信じられないような心持《こころもち》であった。

彼の職業は、レーサーであり、いまも彼は、レーサーである。

最後と思われたレース、彼は一着でゴールした。

奇蹟のようなモーター抽選があった。

奇蹟のような後輩のプロペラがあった。

奇蹟のような他艇の転覆があった。

最終節のボートレース江戸川で、八レース中、四レースで、彼は一着でゴールした。

それは、彼にとって離《はな》れ業《わざ》といっていい成績ではあった。だが目標であった「優出」が叶《かな》わなかっただけに、引退勧告は免れないであろうと思っていた。あの二コースからの「差し」が決まった最終日の一着が、自らの最後の挑戦であったのであろうと。

けれども、魔法の時間は、まだ潰《つい》えてはいなかった。

奇蹟は、幾度も、おきることがある。

レースが終って月が変わり、全レーサーの四期通算の勝率が締切られた。

正樹の勝率は、「四・二六」。

最終節のまえの「四・一五」から、〇・一一だけ上がった。

肝心の順位を選手会に訊ねると、千六百人中、千五百九十九位、とのことであった。

選手間の噂《うわさ》では、勝率の締切まえに、ある女性レーサーが引退を決めたという。その女性レーサーは、勝率では千六百位以内であるのだが、重篤《じゅうとく》な怪我をしていることから、自ら引退することで瀬戸際《せとぎわ》にいるレーサーを一人救えればと申し出があったとのことであった。

ただ、これで救われたのは、正樹ではなかった。

彼は千五百九十九位であったため、女性レーサーの引退がなくとも、千六百位の最下位で、結果的にはぎりぎり生き残れたことになる。

千六百一位と、千五百九十九位の、彼我《ひが》の差。それは、わずか〇・〇三であった。

すなわち、最終節、最後のレースの、あの一着がなければ、引退勧告されていたのは、彼かもしれなかった。

生き残ったと決まったあと、いくつもの奇蹟を与えてくれたのかもしれない、あの神社へ御礼参りをした。

そして、彼の師匠である桑原淳一から連絡があり、居酒屋で祝杯を上げた。

駿行と二人、並んで湯に浸かりながら、居酒屋での師匠との会話を、正樹は思いかえしていた。

「なぜ、生き残れたんだと思う？」

師匠の問いに、いくつもの奇蹟がかさなったことを、正樹は説明した。

すると、すでに引退してレーサーではなくなっている師匠が、ゆっくりとかぶりを振った。

「研修所を卒業したばかりの、まだ若かったおまえと初めて会ったとき、悪いけど、すぐにクビにされると、俺は思っていたんだよ。研修所での成績が、最下位だなんて、そんな才能のない奴が、レーサーとして、長年活躍できるはず、ないだろ、ってね」

師匠はビールを一口飲むとつづけた。

「だけど、そうじゃなかった。才能がない、そう思っていたおまえには、どんなレーサーよりも、才能が、あったんだよ。レーサー仲間に、ゴルフに行こう、キャンプに行こう、いくら誘われても、おまえは、行ったことなんて、なかったよな。レースのない日は、毎日ペラ小屋にこもって、誰よりも、おまえは、ペラを叩いていたよな。レーサーなら、誰だって、みんな、努力なんか、しているよ。みんなは、なにをすればいいのか、努力のしかたってものを、知っているから、上手《うま》くやれるんだよ。でも、おまえは、努力のしかたなんか、知らないから、上手くやれやしない。ただ、目のまえのできることを、手当たり次第に、がむしゃらに、ひたむきに、やるしかない。どれだけ時間がかかっても、こつこつ、こつこつ、やるしかない。嫁さんや、末っ子のために、まだレーサーでいなければならないという、家庭の事情も、あるんだろう。だから、遊ばずに、こつこつ、こつこつ、やるしかない。俺は、そんなおまえの姿を、ずっと、見てきたよ。だから、俺は、ぜったいに、いえるんだよ。おまえが、生き残れたのは、奇蹟のおかげなんかじゃない。おまえが、生き残れたのは、長年の、一生懸命さが、報われただけなんだよ。その一生懸命さが、誰にも真似ができない、おまえの、素晴らしい、才能なんだよ。おめでとうな。ほんとうに、おめでとうな」

そういって目を赤くした師匠が、ビールジョッキを掲げてくれたことを、正樹は思いだした。湯船の透《す》きとおった湯を両掌で掬《すく》うと、それを顔にかけ、指先で瞼《まぶた》を強く擦《こす》った。

その隣では、父が引退しそうだったことも、生き残れたことも、まるで知らない駿行が、正樹の横顔を見て、優しく微笑んでいた。

この銭湯へ来る直前まで、また正樹は、ホームプールのボートレース江戸川にいた。

彼は、「しごと」をしてきたのである。

その「第四十一回新春金盃《しんしゅんきんぱい》だるま家《や》カップ」、彼の成績はといえば。

五着、五着、五着、六着、三着、二着、五着、二着。

またも、敗れつづける日々の、始まりであった。

二

スタートと、ゴールは、よく似ている。

たとえば、ボートレース場の、スタートラインと、ゴールラインは、同じものである。

たとえば、空を一瞬だけ眺めたのなら、朝焼けと、夕焼けとを、判別など、できはしない。

正樹のレーサー人生の景色は、いまや夕景であろう。

生き残れた彼はしかし、なかなか一着が取れなかったレースキャリアのスタートラインにいた、若かりし日々のように、がむしゃらに、ひたむきに、ゴールラインへと、向かっている。

駿行とともに衣服を身につけ、男湯の暖簾《のれん》をくぐった。

女湯とのあいだの通路に置かれているベンチに腰掛け、妻の美佐恵が待っていた。

彼女は、こちらに気付いていない様子であった。

遠くから呼びかけることを、正樹も、駿行も、しない。

彼女の耳が聞こえていないことを、知っているから。

近くまで歩いてゆくと、彼女が気付いた。

「もう、遅いよぉ」

湯上がりの火照《ほて》った顔を彼女は顰《しか》めた。

彼女が立ちあがり、三人並んで銭湯の出口へと歩きだした。

大きな硝子窓《がらすまど》から午後のやわらかな陽が差しこむ眩《まぶ》しいほどの通路を、並んだまま三人は、出口へと歩いた。

「しごとがおわったら、また、おんせん、こようね」

楽しかったいまを確認するかのように、正樹のほうを見て、また駿行がいった。

正樹は頷き、微笑みを返しながら、出口へと歩きつづけた。

「そうだな、しごとがおわったら、また、こような」

あとがき

勝者でも、敗者でもない。

負けない人々を書きたかった。

ボートレースという、勝敗にまみれる世界を見つめた。一見派手《はで》なそこに、質素《しっそ》で愚直《ぐちょく》に努める、しかし瀬戸際《せとぎわ》に立たされているレーサーと、その家族がいた。還暦《かんれき》間近で衰えゆく肉体に懸命《けんめい》に抗《あらが》いつつも、勝つことができなくなっている、千六百人中、千六百一番目の、引退勧告を迫られそうになっているレーサー。突然耳が聞こえなくなった妻と、ダウン症の息子。脳《のう》梗塞《こうそく》で半身麻痺《まひ》になった父と、認知症《にんちしょう》で記憶を失ってゆく母。彼や家族ばかりではない。彼を取りまく人々、師匠《ししょう》も、弟子《でし》も、友人も、それぞれが仮借《かしゃく》のない現実に直面し、ときに負けてしまいそうになっていた。

本書は、たとえば、レース直前の控室《ひかえしつ》で、病名を告げられたあとの病室で、彼らがなにをなそうとしたか、その過程。レースで勝つ、ではない。レーサーに負ける、でもない。境遇《きょうぐう》に負けない。自分に負けない。そのような負けない人々の記録である。

新型コロナウイルス感染拡大により、取材半《なか》ばでなかなか執筆が進められない日々が長くつづいた。緊急事態宣言下でボートレースはむろん、社会全体が停止させられたような期間も挟み、脱稿までに五年もの歳月を要してしまった。それでも、すべての取材に同行くださり、辛抱強く拙稿《せっこう》を待ってくださった、企画編集の駒草出版勝浦基明氏に感謝申しあげます。また写真家の小町剛廣氏、装丁家の大橋義一氏、編集者の神原順子氏、ご協力くださった社会福祉法人墨田さんさん会 墨田さんさんプラザ、株式会社ナカザワ、そして取材に応じてくださった関係者のみなさまに深謝申しあげます。ありがとうございました。

『追い抜きレース（原題“*A Pursuit Race*”）』という短編小説がある。九十年以上もむかしにアメリカで書かれた作品で、雇用主と使用人、二人のビリーの、ある一場面が描かれた物語である。題名は象徴的に使われているだけで、二人がレーサーであるわけではない。ただ、一世紀ほどもむかしから、二種類の人間がいたということが理解できる。

上手く立ちまわれる勝利者と、そうはできない敗残者と。

競争社会といわれて久しい。

人間もまた生物であるから、生存競争はそこここにありはするのであろう。そしてあらゆる競争における敗者には、そのときどきの感情が押しよせもしよう。

喪失感もあれば、孤独感もあり、絶望感もあれば、虚無感もある。

けれども、どれだけ敗れようとも、人生はつづいてゆく。

そして、勝敗を決するのが競争と定義するなら、人生そのものは、競争などではない。

なぜなら、人生は、なにが勝ちで、なにが負けか、そのときどきでは、わからないことばかりであるのだから。いや、そのときどきはおろか、数十年経てみても、死際《しにぎわ》になってみても、もしくは永遠に、勝敗など決さないことさえ多々ある。

水面《みなも》にも似た、予期せぬ波がつぎつぎと押しよせてくる、この無常の人生で、人にできるのは、その波や、自分自身に負けまいと、見えないゴールへと舳先《へさき》を向け、生命あるかぎり、精いっぱい、進んでゆくことだけではなかろうか。

令和六年二月　平山譲

著者
平山譲（ひらやま ゆずる）

1968年東京都生まれ。出版社勤務ののち著述に専念。ノンフィクションや実話を基にした物語を数多く手がけ、作品が映画化、ドラマ化、漫画化され、ベストセラー多数。文芸・小説誌、新聞、雑誌での連載のほか、映画脚本、エッセイなど執筆は多岐に渡る。主な著書に、『ありがとう』『片翼チャンピオン』『還暦少年』（講談社）、『ファイブ』『魂の箱』『リカバリーショット』（幻冬舎）、『パラリンピックからの贈りもの』『最後のスコアブック』『灰とダイヤモンド』（PHP研究所）、『サッカーボールの音が聞こえる』（新潮社）、『北澤豪のサッカーボールがつなぐ世界の旅』（報知新聞社）、『4アウト ある障害者野球チームの挑戦』（中央公論新社）などがある。

レーサーの家

2024年2月3日 第1刷発行

著　者　　平山譲

発行者　　加藤靖成
発行所　　**駒草出版** 株式会社ダンク出版事業部
〒110-0016　東京都台東区台東1-7-1 邦洋秋葉原ビル2階
TEL：03-3834-9087
URL：https://www.komakusa-pub.jp
印刷・製本　中央精版印刷株式会社

デザイン／大橋義一（GAD Inc.）
カバー・トビラ撮影／小町剛廣
編集／勝浦基明（駒草出版）

本書の無断転載・複製を禁じます。乱丁・落丁本はお取替えいたします。
© Yuzuru Hirayama 2024 Printed in Japan
ISBN 978-4-909646-74-3